Os Sonhos
de A a Z e suas Interpretações

J. F. Walker

Os Sonhos
de A a Z e suas Interpretações

ISIS
EDITORA

© Publicado em 2016 pela Editora Isis.

Revisão de textos: Luciana Moreira

Diagramação e capa: Décio Lopes

DADOS DE CATALOGAÇÃO DA PUBLICAÇÃO

Walker, J. F.

Os Sonhos de A a Z e suas Interpretações/J. F. Walker |
1ª edição | São Paulo, SP | Editora Isis, 2016.

ISBN: 978-85-8189-081-4

1. Arte Divinatória 2. Sonhos I. Título.

Proibida a reprodução total ou parcial desta obra, de qualquer forma ou por qualquer meio seja eletrônico ou mecânico, inclusive por meio de processos xerográficos, incluindo ainda o uso da internet sem a permissão expressa da Editora Isis, na pessoa de seu editor (Lei nº 9.610, de 19.02.1998).

Direitos exclusivos reservados para Editora Isis

Prólogo

Depois de três décadas e cedendo à enorme demanda de leitores interessados na interpretação dos sonhos, decidimos apresentar este breve manual, organizado em ordem alfabética e com uma seleção de fatos, objetos e situações que, com mais frequência, apresentam-se em nossa vida onírica. As interpretações estão definidas da forma mais concisa possível. Esperamos que elas sirvam unicamente como indicadores do sentido que tradicionalmente lhes foi consignado nas diferentes culturas ao aparecer em nossos sonhos.

Uma interpretação detalhada e exaustiva terá que estar forçosamente baseada nas circunstâncias e particularidades de cada indivíduo e poderá não ter absolutamente nenhuma relação com os significados aqui expressos. Estando conscientes da impossibilidade de estabelecer um código universal aplicado a todos os casos, lançamos este pequeno manual, para que satisfaça a simples curiosidade do interessado neste tema e também com a esperança de que seja o primeiro passo para trabalhos mais complexos e aprofundados.

Muitos livros sobre interpretação dos sonhos já apareceram no mercado, não obstante, a precisão das interpretações contidas neste livro faz que seu conteúdo siga tão vigente como no primeiro dia.

Os Editores.

A

- **ABADIA**
Sonhar com uma abadia significa inquietações morais, intelectuais ou sentimentais. Não obstante, se estiver em ruínas, tenha por certo que suas aflições ou dificuldades terminarão em breve.

- **ABANDONO**
Abandonar esposa, filhos e familiares é um sonho que põe-nos em guarda para retificar nossa má conduta. Se são animais ou objetos pessoais, procuremos cuidar da nossa saúde. Entretanto, se nos abandonam pessoas ricas e poderosas, nossa situação melhorará notavelmente. Sonhar que nos abandonam em atos, situações difíceis de nossa vida ou num caminho, lugar solitário é um signo nefasto de que a tristeza invade nossa alma. Mas, logo poderemos ir adiante, estando com o coração fortalecido e muita vontade de vencer.

- **ABATIMENTO**
Ainda que sonhar com alguém abatido demonstre um caráter limitado, não devemos desanimá-lo pelos reveses que possa sofrer, já que os vence com perseverança.

- **ABELHAS**
Sinal de dinheiro e prosperidade. Se nos picam, algum parente ou amigo nos atingirá. Matar uma abelha acarretará desgraças. Se nos oferecem o seu mel, aguarda-nos um bem-estar, uma prosperidade não só pessoal, mas no seio da família, como bônus por nosso trabalho honrado e constância.

8 | Os Sonhos de A a Z e suas Interpretações

- **ABERTURA**
Sonhar com uma abertura musical significa receber benéficos, acolhimentos e magníficas oportunidades.

- **ABISMO**
Cair nele pressagia grandes desgraças, mas se consegue se salvar se libertará de um grave perigo que se aproxima.

- **ABONO**
Se o recebe, sofrerá dissabores; se é você quem o dá, é sinal de cobiça.

- **ABORTO**
Sonhar com uma mulher que sofreu ou que provocou um aborto anuncia grandes contrariedades e desgraças.

- **ABRAÇAR**
Sonhar que está abraçando familiares ou amigos é indício de amor e de paz com as pessoas as quais abraçou. Se estiver abraçando uma mulher, é sinal de boa sorte.

- **ABRICÓS, DAMASCOS**
Arrancados da árvore significam tristezas passageiras. Se, todavia, estão na árvore, é sinal de sofrimento de caráter familiar. Comê--los é sinal de graves contrariedades e, inclusive, o anúncio da morte de um ser querido. Se for uma mulher quem sonha com eles, terá recordações de um velho amor que lhe causou tristeza e desalento.

- **ABUNDÂNCIA**
Se no sonho aparece uma pessoa com bens abundantes, deve esperar tudo ao contrário, já que terá de sofrer penalidades e escassez.

- **ABUTRE**
Se lutar contra o abutre e vencê-lo, é sinal de que logo recobrará a saúde e a calma perdidas.

- **ACÁCIA**
Vê-la indica amor leal e afetos nobres. Tocá-la ou cheirá-la anuncia notícias desagradáveis.

- **ACENDEDOR**
Está perto de um lance de amor que lhe causará muitas contrariedades.

- **ACIDENTE**
Sofrer um acidente não é um bom presságio; não obstante, se cosegue evitá-lo, não correrá perigo algum.

- **AÇOITAR**
Se açoitar alguém, terá paz e felicidade no matrimônio, se casado. Se for solteiro, terá bem-estar e alegria.

- **ACOMPANHAR**
Passear com alguém é de mau augúrio. Acompanhar ao piano ou algum outro instrumento significa que devemos estar preparados para receber confidências de uma pessoa, as quais não poderemos divulgar para evitar arrependimentos.

- **ACORDEÃO**
Tocá-lo assegura êxito em assuntos amorosos. Se o ouve, seus ouvidos receberão segredos de namorados. Também pode augurar uma festa familiar próxima.

- **ACROBATA**
É sinal de boa saúde; mas, se seus acrobatas fracassaram, terá perda de dinheiro e prejuízo. Entretanto, se é você quem pratica as acrobacias, triunfará num assunto ou negócio que lhe parecia aventurado.

- **AÇÚCAR**
Ver ou comê-lo avisa-o de que numa data, não muito longe, terá uma aflição que lhe trará grandes amarguras.

10 | Os Sonhos de A a Z e suas Interpretações

- **ACUSADO**
É melhor ser acusado do que acusar. No primeiro momento é um presságio feliz; no segundo, augura fracasso e preocupações.

- **ADEUS**
Se estiver se despedindo de uma pessoa, não tardará em voltar a vê-la. Se for outra pessoa quem se despede, significa o afastamento de alguém que não é grato.

- **ADIÇÃO**
Se sonhar que está somando, procure evitar qualquer tipo de jogo, já que a sorte o voltará as costas.

- **ADMIRAÇÃO**
Se quem sonha é admirado, é um sinal lisonjeiro. Entretanto, se é quem admira, estará numa situação desagradável.

- **ADOÇÃO**
Significa que a pessoa que adota uma criatura merecerá a simpatia da gente que a rodeia e com quem trata.

- **ADOLESCENTE**
Este sonho só tem significado para as mulheres: se o adolescente é moreno, significa perfeita saúde; se é loiro, prosperidade e felicidade.

- **ADULTÉRIO**
Inconvenientes futuros; acontecimentos desgraçados.

- **ADVOGADO**
Sonhar com um advogado é sinal de más notícias, e falar com ele demonstra que perderá seu tempo. Se defender alguma causa ou juízo que lhe diz respeito, terá más consequências. Este sonho avisa-o de que deve cuidar dos seus interesses e não deve confiar numa pessoa próxima a você e que o trata com muita atenção.

- **AFEIÇOAR-SE**
Afeiçoar-se a si mesmo é sinal de perdas, de saúde, honras ou bens.

- **AFIADOR**
Estar afiando adverte da perda de uma grande amizade. Se for outra pessoa que o faz, é motivo de desgosto. Sonhar com o próprio afiador indicará um bom augúrio.

- **AFLIÇÃO**
Se for você quem a sofre, triunfará sobre os malvados inimigos que o aborrece.

- **AFOGADO**
Sonhar que é você quem se afoga é augúrio de benefícios em seus negócios. Se se trata de outra pessoa, é sinal de triunfos e êxito.

- **AFRONTA**
Se no sonho é você quem sofre a afronta, logo se beneficiará de um êxito inesperado. Entretanto, se é dirigida a outra pessoa, procure resguardar-se de um grave perigo.

- **AGASALHO**
Vestido com ele é aviso de que receberá más notícias.

- **ÁGATA**
Você sofrerá uma leve enfermidade e, depois de sua melhora, não tardará a receber um presente de uma pessoa amada.

- **AGÊNCIA**
Pode ser que esse sonho lhe acarrete dificuldades ou desenganos de gente chegada a você.

- **AGITAÇÃO**
Se for você quem sofre, espera-o um bem-estar imediato, particularmente em questões de dinheiro.

12 | Os Sonhos de A a Z e suas Interpretações

- **AGONIA**
Ver a si próprio agonizando é indício de boa saúde. Ver outra pessoa é sinal de que alguém pensa em você, e o favorecerá.

- **AGRESSÃO**
Se for você o agredido, espera-o um aumento de seus bens.

- **AGRICULTOR**
Grato sonho que lhe augura saúde, felicidade. Chegada de boas notícias.

- **ÁGUA**
Nos sonhos a água simboliza a vida. Se a bebe fria, gozará de tranquilidade e de boas amizades; quente, indica dissabores e desenganos por parte de seus inimigos. Se a água está estancada e suja, pressagia uma grave enfermidade. Caminhar por cima da água sinaliza acontecimentos felizes. Derramá-la simboliza desgosto e aflições. Nadar é o augúrio de gratas diversões.

- **ÁGUIA**
Vê-la voar significa ventura e que suas esperanças não tardarão a se concretizar. Matá-la pressagia perigos. Se o ataca, um acidente grave. Montá-la, perigo de morte.

- **AGULHA**
Picar-se com uma agulha é sinal de contrariedades no trabalho, principalmente se estiver quebrada. Sonhar com agulhas significa sorte em seus negócios.

- **AGULHEIRO**
Sonhar que sua casa está cheia de agulheiros anuncia que algum familiar realizará uma viagem muito em breve.

- **AIPO**
Se sonhar que come aipos, logo se apresentarão graves complicações em sua vida. Se só os vê, é presságio de infidelidade conjugal.

A | 13

- **AJOELHAR-SE**
Um homem ajoelhado ante uma mulher corre o risco de ser enganado; se o faz ante outro homem, indica afronta. Se estiver ajoelhado ante outras pessoas, significa que deverá guardar-se contra maledicências.

- **ALCACHOFRAS**
Não é um sonho muito agradável. Plantá-las, colhê-las ou comê--las denota infidelidade de uma pessoa a quem quer muito. Se estiverem ressecadas, falecimento de um familiar ou amigo.

- **ALCATRAZ**
Toda pessoa solteira que sonhe com alcatrazes deverá esperar decepções sentimentais, tanto da parte do noivo como do pretendente.

- **ÁLCOOL**
É um bom sonho. Queimá-lo significa alegria. Se o aplica em massagens, ganho de dinheiro.

- **ALEGRIA**
Receberá uma má notícia durante o dia.

- **ALFACE**
Se a vê significa saúde e melhoras na sua situação. Se sonhar que a come, existe risco de uma leve enfermidade ou desgosto passageiro.

- **ALFAIATE**
Procurar um alfaiate para que lhe confeccione um traje augura que seu trabalho ou negócio melhorará notavelmente.

- **ALFINETE**
Sonhar com alfinetes é um mau presságio, já que seus inimigos podem causar-lhe desgosto e desgraças. Se se pica com um, terá uma pequena desavença.

14 | Os Sonhos de A a Z e suas Interpretações

- **ALGODÃO**
Sonhar com algodão anuncia-lhe que sofrerá uma doença sem graves consequências; se o manipula, sua enfermidade pode pô-lo em grande perigo.

- **ALHO**
Sonhar com comidas é sinal de que se aproximam rinhas e brigões. Cheirá-los ou sentir seu olor, significa revelação de segredos. Se alguma pessoa lhe oferece alhos, não tardará em sofrer um desengano da parte de um amigo ou de alguém que queira bem.

- **ALMA**
Vê-la entrar no céu é sinal de muito bons presságios, pois significa que é uma boa pessoa, amada por familiares e amigos.

- **ALMANAQUE**
Procure levar uma conduta correta, serena, suprimindo gastos superficiais para evitar ficar em má situação. Logo receberá uma surpresa agradável.

- **ALMOFADA, TRAVESSEIRO**
Significa reatamento de relações amorosas; se o travesseiro com que sonha não é o seu, receberá enganos e desacertos.

- **ALMÔNDEGAS**
Se for você quem as come, logo sofrerá uma experiência desagradável. Se as prepara para comê-las, deverá preocupar-se com seu trabalho ou negócio.

- **ALTAR**
Se se trata de um altar construído, é sinal de satisfações: você derrotará presságios, aflições e desenganos.

- **AMAZONA**
Se sonhar com as antigas amazonas e for solteiro, procure evitar a escolha da mulher que deseja para esposa.

A | 15

- **AMBULÂNCIA**
Não tardará em saber a morte violenta de alguma pessoa querida.

- **AMEIXAS**
Se estiverem maduras, significa que terá êxito na sua atuação; se estão verdes, predizem desilusões. Comê-las é sinal de aflições.

- **AMÊNDOAS**
Sonhar que come amêndoas confeitadas é presságio de alegrias e festas, em sua casa ou na das pessoas que estima. Ver a árvore é uma grata premonição, sobretudo quando está florida. Se as come, terá obstáculos inesperados, que só poderá vencer com sua boa conduta.

- **AMETISTA**
Sorte nos negócios, posição brilhante.

- **AMIGOS**
Se estiverem com você numa festa, logo romperá com algum deles.

- **AMOR**
Amar uma pessoa do sexo oposto e ser recusado por ela indica uma esperança. Se a pessoa com quem sonha é ruiva, tome cuidado para que ela não o atraia; se é morena, ameaça-o um perigo devido a um acidente. Amar uma velha ou um velho significa tribulações.

- **AMORA**
Sonhar que come amoras anuncia que receberá gratas notícias que lhe trarão alegria. Se não comê-las, é sinal de desgosto motivado por ciúmes.

- **AMOREIRA**
Ver no seu sonho uma amoreira em flor é augúrio de boa sorte. Se ela estiver seca e sem fruto, ocorrerá um estancamento na sua situação.

16 | Os Sonhos de A a Z e suas Interpretações

- **AMPUTAÇÃO**
Sonhar que é você quem a sofre, é presságio de perda de bens. Ver uma amputação significa a morte de uma pessoa querida.

- **ANÃO**
Sonhar com um anão significa que você deve desconfiar de um dos seus empregados ou servidores, pois ele pode estar o roubando.

- **ANDAIME**
Sonhar com andaimes é sinal de negócios ruinosos.

- **ANDORINHAS**
Vê-las voar é o anúncio de boas notícias ou visita de parentes muito queridos.

- **ANEL**
Sonhar com um anel indica sempre superioridade e poder. Se o recebe como presente, augura bem-estar e sorte. Presenteá-lo a outra pessoa, significa que logo terá que prestar ajuda a um familiar ou amigo.

- **ANIMAIS**
Sonhar que os está alimentando significa boa sorte e prosperidade. Se só os vê, são avisos de notícias de pessoas ausentes.

- **ANJO**
Sonhar com anjos sempre traz bons presságios. Sonhar com um só significa que terá uma poderosa proteção que ajudará a obter riquezas e honras. Vê-lo voar é símbolo de prosperidade e de gozos. Se forem vários, terá que retificar sua conduta para lograr maravilhosa proteção.

- **ANTEPASSADOS**
Sim, as memórias em sonhos auguram uma desgraça familiar. Vê-los nos seus sonhos sinaliza desgosto originado de parentes.

- **ANTIGUIDADES**
Logo receberá ajuda de alguém com um alto cargo. Se roubarem uma antiguidade de alguém, indica que a pessoa que atualmente mais o ajuda e protege se separará de você, mal aconselhada por outra. Se com quem sonha é uma senhora viúva, o sonho se interpreta como um aviso de que voltará a casar-se de novo.

- **ANÚNCIO**
Sonhar que lê anúncios é sinal de fracasso nos negócios. Pôr um, seja num jornal, seja preso a uma parede, indica melhora lenta da sua situação. Se os arranca, procure ter cuidado com alguém que quer enganá-lo.

- **ANZOL**
Significa que não demorará em receber notícias sobre assuntos desagradáveis relativos ao seu casamento.

- **APÊNDICE**
Ter dor no apêndice indica um matrimônio próximo, se é uma pessoa solteira quem sonha. Caso seja casado, tem desejo de ser mais amado por seu cônjuge.

- **APOSTA**
Procure não cometer nenhuma leviandade que possa prejudicá-lo.

- **AQUÁRIO**
Magnífico sonho, presságio de fortuna e felicidade duradouras.

- **AQUEDUTO**
Anuncia magníficas viagens, mas sempre que estiver em bom estado de conservação. Por outro lado, desconfie de supostos amigos que podem prejudicá-lo.

18 | Os Sonhos de A a Z e suas Interpretações

- **AR**
O ar puro augura reconciliações, amizades e muita prosperidade para a pessoa que sonha. Respirar ar perfumado pelas flores de um jardim significa vida saudável e proveitosa. Entretanto, o ar insalubre sinaliza enfermidades.

- **ARADO**
Simplesmente vê-lo, é sinal de poupança econômica. Se o maneja, indica prosperidade em seus assuntos.

- **ARANHA**
Sonhar que a aranha está tecendo sua teia é sinal de calúnias e problemas judiciais. Se matá-la, significa que irá desmascarar os inimigos que o rodeiam.

- **ARCA**
Se estiver repleta de roupa ou outros objetos em seu sonho, é sinal de paz e de bem-estar, mas se estiver vazia, indica perda de emprego e de dinheiro. Se sonhar com a Arca de Noé, logo terá notícia de uma morte inesperada.

- **ARCEBISPO**
Sonhar com ele anuncia uma morte próxima.

- **ARCO-ÍRIS**
Tem um belo significado de paz e de tranquilidade, em particular se for maior. Se o vê pelo Oriente, representa boa sorte para os pobres e enfermos; pelo Ocidente, só é de bom augúrio para os ricos.

- **ARCO**
Se dispara uma flecha com arco, é sinal de consolo e alívio de suas angústias.

• AREIA

Em qualquer momento ou situação, sonhar com areia é sinal de disputas, brigas e traições. Sonhar que passeia descalço pela areia significa que logo receberá uma notícia ruim referente a um familiar seu muito querido. Entretanto, se apanhar areia para com elas encher alguns sacos, a fortuna não tardará em visitá-lo.

• ARENA

Sonhar com a arena de uma praça de touros é sinal de inconstância em amores e trabalhos.

• ARGOLA

Augura que você triunfará sobre todos os enganos. Se no sonho está atado a ela, indica compromissos. Se uma jovem sonha com argolas de orelha, sinal de que não tardará em contrair um matrimônio vantajoso. Se se trata de uma mulher casada, este sonho significa que terá desgostos com seu esposo.

• ARLEQUIM

Se nos seus sonhos aparece um arlequim, tenha certeza de que suas aflições atuais desaparecerão como por encanto. Cuide-se contra travessuras de mulheres.

• ARMADURA

Vê-la indica dificuldades; colocá-la é um augúrio de que deverá ter prudência em seus assuntos; se a deixa, terminarão seus problemas.

• ARMÁRIO

Se estiver fechado é prognóstico de riqueza; se aberto, deverá ter cuidado com ladrões. Vazio, pressagia possíveis brigas que deverão ser evitadas para não chegar a males maiores; se está cheio, sua felicidade conjugal periga. Se o armário é de espelho, sofrerá a deslealdade de uma pessoa amiga.

20 | Os Sonhos de A a Z e suas Interpretações

- **ARMAS**
Se for de fogo, indicam violências e brigas; se são brancas, inimizades e rupturas. Receber armas é símbolo de honras. Se você mesmo se fere, deve estar alerta contra uma traição.

- **ARMAZÉM**
Sonhar com um armazém é símbolo de saúde.

- **ARRENDAMENTO**
Indica que não tardará em firmar um contrato favorável, tanto de arrendamento como de trabalho.

- **ARRESTO**
Se alguém sonha que está detido, terá falta de dedicação ao trabalho.

- **ARROIO**
Se o arroio é de água clara, logrará um emprego lucrativo e honroso; se é de água turva, sinaliza desgraças e enfermidades.

- **ARROZ**
Plantar arroz simboliza ganância e êxito. Se a pessoa que sonha estiver debilitada, sonhar com esse cereal significa que logo se curará de suas doenças. Se oferecer um prato de arroz a alguém e essa pessoa aceita e come, não tardará em achar quem o brinde com seu apoio, contribuindo para seu progresso e bem-estar.

- **ÁRVORE**
Coberta por suas folhas, anuncia-lhe a continuidade da situação em que vive atualmente. Seca e sem folhas, indica que passará por muitas dificuldades e se verá envolvido em situações lamentáveis. Se estiver cheia de pássaros é sinal êxito; se se trata de pássaros de cor negra, deverá precaver-se contra gente invejosa.

- **ÁS**
Sonhar que tem um ás no jogo significa que logo terá uma notícia agradável.

A | 21

- **ASA**
Ter asas simboliza uma notável melhora em seu estado. Se for você quem voa, terá êxito em qualquer negócio que empreenda. Se se trata de asas de ave de rapina, sinalizam seu triunfo sobre um dano; se são de uma ave doméstica, paz e tranquilidade. Ver uma asa, em geral, é indício de que em breve terá de receber proteção. Se se trata da asa de uma jarra que levamos e se nos quebra, é o anúncio de uma boda próxima.

- **ASFIXIA**
Ver uma pessoa asfixiada é o grato anúncio da cura de um familiar enfermo, além de um importante ganho.

- **ASMA**
Algumas vezes, quem realmente sofre de asma sonha com essa enfermidade e a respiração fica mais difícil; mas, se não sofre, o sonho indica uma traição que poderá evitar ao ser avisado com tal presságio.

- **ASNO**
Se estiver montado nele, terá esforços e dissabores. Se o vê correr, é sinal de infortúnio. Se zurrar, indica dano e cansaço. Se o asno é branco, receberá notícias gratas e um benefício em dinheiro; se é negro, sinaliza contrariedades; se é cinzento, avisa-o da traição de algum amigo.

- **ASPARGOS**
Cultivar aspargos é indício de bem-estar. Se só os vê, fará uma viagem muito agradável. Cultivá-los ou vendê-los traz felicidade e alegria. Mas, se os planta e os colhe, deverá ter cuidado com assuntos amorosos.

- **ASSALTO**
Sonhar que presencia um assalto é sinal de duelo. Se participar dele, logo conhecerá um fato digno de abastança. Se for a vítima de um assalto, sinaliza a perda de um parente ou amigo querido.

22 | Os Sonhos de A a Z e suas Interpretações

- **ASSASSINATO**
Se estiver enfermo e sonhar que presencia um crime, não só recuperará a saúde como também terá felicidade em seu negócio ou trabalho. Não obstante, se você é o assassino, não espere mais do que grave desgosto com a família.

- **ASSEMBLEIA**
Se se trata de uma assembleia de homens, procure evitar brigas; se é formada por mulheres, é indício de alguma boda próxima, sua ou de um familiar.

- **ASSOBIAR**
Assobiar em sonhos é sinal de murmúrios e falatório. Silvo, assobio. Ouvir um silvo é um aviso de que alguém quer desprestigiá-lo, tentando contra sua honra. Se for o de uma locomotiva, augura uma próxima viagem. Se ouvir silvos de pássaros, terá gratos prazeres e satisfações.

- **ASTRO**
Quanto mais brilhante for, maiores serão os prazeres domésticos e mais feliz será o futuro.

- **ASTRÓLOGO**
Sonhar com um astrólogo não tem uma definição exata, já que o sonho pode significar tanto um êxito grande como desilusões.

- **ATOR, ATRIZ**
Se for você quem atua, provavelmente terá êxito nos seus assuntos. Sonhar com atores é sinal de prazeres, diversões; se se trata de atores conhecidos e populares, há de procurar reconciliar-se com a pessoa a quem tenha ofendido ou desprezado recentemente Evite qualquer jogo de azar.

- **AURÉOLA**
Se for você quem traz a auréola, receberá apreço e consideração.

A | 23

- **AUSÊNCIAS**
Sonhar com uma pessoa ausente significa o regresso próximo de um familiar ou amigo, sem que se trate precisamente do que se sonhou.

- **AUTOMÓVEL**
Se for empregado, indica ascensão em seu trabalho; se se trata de pessoas com bom meio de vida, sinaliza maiores ganhos; não obstante, se durante o sonho se vê obrigado a descer do veículo, nada disso chegará a realizar-se e sofrerá desenganos e perdas.

- **AUTOPSIA**
Sonhar que se presencia uma autopsia significa negócios cheios de contrariedades. Se for você quem a pratica, terá dificuldades e grandes obstáculos.

- **AVAREZA**
Sonhar com uma pessoa avarenta é sinal de que logo lhe chegarão boas notícias ou dinheiro. Se você é o avarento, prepare-se para a chegada de um familiar ou amigo que vive no exterior.

- **AVEIA**
Vê-la no campo movida pelo vento indica prosperidade; se já foi segada, significa misérias.

- **AVENTAL**
Se quem sonha com ele é uma mulher que usa um avental limpo, receberá lisonjeiras propostas. Se se trata de um homem, ficará numa situação embaraçosa e ridícula numa reunião ou festa.

- **AVIÃO**
Sonhar que o avião voa alto é sinal de que logrará um bom futuro; se confirmará isso se o avião aterriza. Se cair, é o augúrio de más notícias. Se permanecer pousado na terra, motivo de desgraças.

- **AVÓS**
  Sonhar com um deles ou com um antepassado sorridente significa satisfações; vê-lo triste, amarguras. Sonhar com os dois lembra-o do cumprimento de um trabalho ou uma promessa esquecida.

- **AZEITE**
  Derramá-lo é um mau presságio; bebê-lo significa risco de enfermidade. Se você unta uma pessoa, não tardará em ter que ajudá-lo; caso alguém o unte, logo receberá a amizade, o apoio de quem o fez.

- **AZEITONAS**
  Terá paz e tranquilidade com os que o rodeiam.

- **AZINHEIRA**
  Ver em sonhos uma azinheira frondosa é sinal de uma longa vida e de riquezas. Se a azinheira está sem folhas, indica ruína. Vê-la derrubada pressagia perda de dinheiro.

B

- **BABÁ**
Se tiver algum negócio e sonhou com uma babá, procure vigiar a pessoa em quem depositou sua confiança para cuidar de seu filho.

- **BABA**
Ver alguém babando augura um bom casamento, seguido de uma herança.

- **BABUCHA (SAPATILHA)**
Prepare-se para receber algum desgosto ou notícia desagradável.

- **BACALHAU**
Sonhar com bacalhau sinaliza prosperidade nunca imaginada. Se for você quem come, significa melhoras na sua saúde.

- **BACIA**
Se estiver vazia, indica felicidade; se estiver cheia, desgostos e maus-tratos.

- **BAGAGEM**
Sonhar que a bagagem está rota e maltratada sinaliza uma velhice prematura. Se, pelo contrário, estiver nova, indica irresponsabilidades juvenis.

- **BAILARINA**
Procure cuidar muito da sua reputação.

BAILE
Participar de um baile significa alegria, prazeres e boa saúde. Se for um baile de máscaras, trate de velar pelo seu dinheiro para evitar inquietações.

BAINHA
A bainha de uma espada augura ruptura de relações matrimoniais ou simplesmente amorosas.

BAIONETA
Levar ou usar uma baioneta é sinal de uma terrível desgraça.

BALA
Se a bala é de chumbo, indica que se aproxima um grave período.

BALANÇO
Sinal inequívoco de um matrimônio feliz.

BALÃO
Lançá-lo ao ar prognostica uma rápida felicidade.

BALAUSTRADA
Sinal de sorte e proteção. Se a balaustrada está quebrada, sinaliza uma oportunidade de ganhar dinheiro. Apoiar-se nela é prognóstico de receber uma boa ajuda.

BALCÃO
Estar num balcão contemplando a rua é augúrio de que logo se realizarão as vontades e os desejos.

BALDE
Um balde ou cubo cheio de água é sinal de grandes ganhos, mas, se estiver vazio, terá apuros econômicos.

BALEIA
Se se vê a baleia flutuando no mar, significa abundância material. Se a pessoa que sonha com ela é pobre, logo melhorará sua situação; se estiver enferma, indica seu pronto restabelecimento.

- **BÁLSAMO**
Adquirirá boa reputação entre suas amizades.

- **BANCO**
Se sonhar que está num banco, convém desconfiar dos projetos e propostas que lhe fazem. Se se trata de um banco de igreja, augura uma boda próxima. Estar sentado num banco de ferro é sinal de presentes.

- **BANDEIRA**
Se for um homem quem sonha, indica boas notícias; se é uma mulher, augura uma mudança notável no seu modo de ser. Se a bandeira ondula na haste sinaliza uma melhora no seu emprego ou cargo. Levá-la significa distinções honoríficas.

- **BANDIDOS**
Se o atacam é sinal de sorte; se os põe em fuga, estará exposto a perder seus bens.

- **BANDOLIM**
Este sonho significa que lhe farão uma declaração de amor.

- **BANHO**
Banhar-se é sinal de saúde, e quanto mais clara e limpa estiver a água, maior será sua tranquilidade e sorte. Entretanto, se estiver turva, representa aborrecimentos e decepções. Se for banho de mar, sinal de honras sem proveito.

- **BANQUETE**
Indica um agradável convite de familiares ou amigos para desfrutar de uma suculenta comida.

28 | Os Sonhos de A a Z e suas Interpretações

- **BARBA**
Sonhar que tem barba longa é sinal de que todos os assuntos lhe irão bem. Ver cortar uma barba anuncia a enfermidade de um parente ou amigo. Uma barba negra augura aflições; ruiva, contrariedades; branca, desenganos amorosos. Barbear uma mulher augura notícias de luto. Se uma mulher grávida sonha com barba, seu filho será varão.

- **BARBEADOR**
Se no seu sonho só vê o barbeador, é sinal de leves dissabores na sua vida atual.

- **BARBEAR-SE**
Barbear-se em sonhos é sinal de paz e tranquilidade. Se for o cabeleireiro quem o barbeia, quer dizer que, se no presente passa por uma situação ruim, logo tudo se resolverá . Se você barbear outra pessoa, é um aviso de que perderá dinheiro.

- **BARBEIRO**
Terá intrigas e falatórios da vizinhança.

- **BARCA**
Ver ou tripular uma barca é indício de afeto dos seus amigos para com você.

- **BARCO (NAVIO)**
Viajar nele é augúrio do bom andamento dos negócios.

- **BARDA**
Se for você quem a constrói, indica a consolidação ou o aumento da sua fortuna.

- **BARÔMETRO**
Deve procurar ouvir os conselhos de um bom amigo.

B | 29

- **BARREIRA**
Se lograr saltá-la ou passar através dela, vencerá obstáculos que acreditava ser insuperáveis.

- **BARRICADA**
Trata-se de um sonho desagradável, pois trará desgosto e problemas familiares.

- **BARRIGA**
Sonhar que lhe dói a barriga indica angústias. Se estiver inchada, receberá dinheiro.

- **BARRIL**
Se o barril está cheio de água, indica pensamentos bondosos; se é de vinho, sinaliza prosperidade; de azeite, deve procurar sanar seus erros; de álcool, uma vaidade desmedida; se se trata de vinagre, é augúrio de desgraça.

- **BARRO**
Caminhar sobre lodo anuncia a perda de algo que estimamos. Se nos vemos manchados de barro, suportaremos aborrecimentos de alguém que tenta caluniar-nos. Resvalar nele é indício de que teremos um problema judicial.

- **BÁSCULA**
Depois de desfrutar sucessos agradáveis, poderíamos sofrer grandes desgostos.

- **BASTÃO**
Se sonhar que o compra, tenha certeza de que se livrará de um grande perigo. Se dá ou recebe golpes com ele, terá danos materiais.

- **BATALHA**
Sonhar que está num campo de batalha é indício de risco de aborrecimentos e perseguições.

30 | Os Sonhos de A a Z e suas Interpretações

- **BATATAS**
Comer batatas em sonhos indica que os projetos ou assuntos que atualmente tem pendentes lograrão magníficos resultados que melhorarão sua vida atual.

- **BATIZADO**
Assistir a um batizado é sempre um presságio feliz. Se, neste sonho, um familiar ou amigo não estiver batizado, esta pessoa sofrerá penas e enfermidades.

- **BAÚ**
Se estiver cheio, é sinal de abundância. Vazio, anuncia-lhe mal--estar e miséria.

- **BEATO(A)**
Procure não se relacionar com gente que possa ocasionar-lhe desgosto.

- **BEBÊ**
Sonhar com um recém-nascido é sinal de felicidade na sua casa. Se for você o bebê, tenha segurança de que há uma pessoa que a ama muito, ainda que não se atreva a confessar-lhe.

- **BÊBEDO**
Se sonhar que está bêbado, aguardam-lhe grandes melhoras na situação atual, com dinheiro, emprego e negócios.

- **BEBEDOURO**
Vê-lo é sinal de tranquilidade. Beber nele indica perda de dinheiro, ainda que não muito vultoso. Se os animais bebem, é presságio de gratas notícias. Com a água clara, é símbolo de alegria; se é turva, indica a chegada de um familiar ao mundo.

B | 31

- **BEBER**
Se no sonho bebe água, terá que cuidar da saúde, ainda que também seja indício de que pode trazer-te algo bom: beber água fria augura riquezas; quente, leve enfermidade. Se o que bebe são licores, deverá interpretar como logo de esperanças e ilusões. Entretanto, sonhar que bebe leite é presságio de resentimento e preocupações.

- **BEIJAR**
Receber um beijo é um augúrio favorável de gratos afetos. Prepare-se para receber a visita de uma pessoa querida. Dar um beijo numa mulher (ou uma mulher em um homem) representa um êxito. Beijar a mão de uma mulher é progresso nas empresas. Beijar o solo, humilhação.

- **BELDROEGA**
Significam fracasso nos negócios e perda de dinheiro. Também auguram uma dolorosa enfermidade.

- **BELISCÃO**
Se o dá ou se lhe dão, este sonho indica que pelas suas inconsequentes diversões fora de casa chegará a cair enfermo. Tenha em mente que sua família está em primeiro lugar.

- **BÊNÇÃO**
Se for um sacerdote quem lhe dá uma bênção, terá problemas familiares por causa de falatórios de gente malévola. Se lhe dão seus pais, é feliz augúrio.

- **BENGALA**
Pressagia uma velhice longa e tranquila.

- **BENGALEIRO**
Se quem sonha com ele é uma pessoa já maior, deve tentar elevar seu ânimo, para que evite cair numa abulia que, talvez, possa levá-lo a uma velhice prematura.

32 | Os Sonhos de A a Z e suas Interpretações

- **BERÇO**
O berço com uma criança dentro adverte-lhe que chegará a ter uma família numerosa; se estiver vazio, é possível que a futura mãe tenha dificuldades no seu próximo parto.

- **BERINJELA**
Se estiver crua, sinaliza uma paixão secreta; cozida, logo receberá a confissão de um amor que o fará feliz.

- **BERROS**
Indica contrariedades e penas.

- **BESTAS**
Sonhar que é perseguido por elas augura ofensas. Se as vê correr, é sinal de tribulações e desgraças.

- **BETERRABA**
Cultivada em sonhos, é uma proteção da fortuna.

- **BÍBLIA**
Vê-la sinaliza alegria; lê-la, paz de espírito.

- **BIBLIOTECA**
Sonhar que está numa biblioteca cujas estantes estão vazias é sinal de abulia e preguiça de sua parte, o que deve ser corrigido para evitar males maiores. Se as estantes estão cheias de livros, seus trabalhos merecerão uma boa recompensa.

- **BICICLETA**
Se for você quem a monta, terminará um romance, e isso será uma mudança favorável. Se for colhido por ela, perderá o dinheiro que ganhou em qualquer empresa ou negócio.

BIGODE

Se for longo, é sinal de aumento de fortuna. Se não tiver bigodes e sonha que tem, pressagia situações desagradáveis. Se se trata de uma mulher que sonha que é uma "bigoduda", vaticina-lhe infidelidades conjugais, caso seja casada, e se é solteira, deverá proteger-se contra mexericos e maledicência.

BIGORNA

Indica que o trabalho que executa atualmente lhe proporcionará proventos e bem-estar. Estar trabalhando com ela significa que com sua constância e tenacidade alcançará a meta a que se propôs, desfrutando de boa saúde e posição social.

BILHAR

Procure não se arriscar em operações comprometedoras.

BILHETE

Sonhar com bilhetes de banco sempre pressagia apuros econômicos.

BISCOITOS

Vê-los augura boa saúde. Comê-los revela uma viagem em futuro próximo.

BISPO

Sonhar com um bispo augura ajuda e uma proteção muito alta que não esperávamos.

BLUSA

Se sonhar com esta prenda, logo conhecerá uma pessoa com quem estabelecerá um firme laço de amizade.

BOCA

Sonhar com uma boca grande é símbolo de prosperidade e riqueza; se for pequena, significa que receberá o desprezo de alguns amigos.

34 | Os Sonhos de A a Z e suas Interpretações

- **BOCEJO**
Irá inteirar-se da morte de uma pessoa que não fazia parte das suas amizades íntimas.

- **BOCHECHAS**
Bochechas gordas e coradas são um sinal de sorte. Se são magras e pálidas, prognóstico de míngua nos negócios.

- **BODEGA**
Se a bodega é de vinho e está repleta de barricas e garrafas, seu sonho indica que, se for solteiro, contrairá um matrimônio afortunado; não obstante, se já está casado, virá um bom ingresso de dinheiro. Caso a bodega contenha cereais ou outros produtos, a pessoa que esteja privada de liberdade logo a recuperará; se a pessoa que tiver este sonho for pobre, sua situação melhorará notavelmente.

- **BOI**
Se o animal for grande e estiver gordo, logo receberá boas notícias. Entretanto, se estiver fraco e debilitado, há de esperar o contrário. Quando lavra a terra, é sinal de boa sorte.

- **BOLA**
Se estiver jogando com ela, significa que logo lhe pagarão uma dívida. Ver simplesmente que batem uma bola, quer dizer que esse pagamento demorará um bom tempo.

- **BOLA**
Sonhar com bolas é um bom presságio e, portanto, este sonho será motivo de satisfação e alegria.

- **BOLACHA**
Prognóstico de saúde e boa sorte.

- **BOLICHE**
Anuncia-lhe o regresso de alguma pessoa querida, residente num país distante.

B | 35

- **BOLOTAS**
Sonhar com bolotas pode ser interpretado como um bom augúrio.

- **BOLSA**
Se estiver cheia de dinheiro, terá dificuldades, mas graças à proteção de um bom amigo irá superá-las. Se estiver vazia, sofrerá moléstias momentâneas das quais sairá triunfante.

- **BOLSO**
Revistar os bolsos de uma pessoa é sinal de dívidas e desconfiança. Se alguém o revista, deve permanecer alerta em relação a um amigo que tem más intenções.

- **BOMBA**
Sonhar que tira água com ela é sinal de felicidade e contentamento. Não obstante, se não sai água, é motivo de pobreza e pesadelos. Se se trata de uma bomba explosiva, vaticina más notícias e dissabores.

- **BOMBEIRO**
Empreenda com interesse seu trabalho ou seus negócios que terá um merecido progresso, o qual lhe permitirá melhorar seu nível atual de vida.

- **BONDE ELÉTRICO**
Todos os assuntos, desejos, projetos de viagem etc. que tenha pendentes não tardarão em solucionar-se favoravelmente.

- **BORDADO**
Usar vestidos bordados significa ambição, mas também pode ser que receba riquezas e honras. Se for você quem borda, será objeto de críticas por parte de pessoas a quem considera amigas.

- **BORREGO**
Sonhar com borregos indica que receberá alguma repreensão das pessoas que estão acima de você, seus pais, chefes ou professores.

36 | Os Sonhos de A a Z e suas Interpretações

- **BOSQUE**
Se estiver num bosque rodeado de belas e frondosas árvores, não tardará em receber gratas notícias. Achar-se perdido nele augura dissabores.

- **BOTAS**
Estrear botas novas é símbolo de riqueza e bem-estar. Se as botas estão usadas e velhas, não tardará em adquirir mais.

- **BOTÕES**
Sonhar com botões é sinal de perdas. Se for você quem os cose em qualquer peça indica sorte no seu lar e apoio de sua família.

- **BOXE**
É um signo de rivalidade e violência. Se sonhar que está boxeando, terá que evitar determinadas mulheres que querem prejudicá-lo. No caso de ver outras pessoas boxearem, serão seus amigos os que lhe causarão problemas e prejuízos.

- **BRACELETES**
Sonhar com braceletes é sinal de bom augúrio no geral. Se estiver roto, é sinal de um matrimônio que terá lugar muito rápido.

- **BRAÇOS**
Se se tratam de braços fortes e robustos, indicam felicidade. Peludos, vaticinam aquisição de riquezas. Mal tratados ou cortados indicam enfermidade em nosso entorno.

- **BRASA**
Uma brasa se apagando é augúrio de bem-estar e dinheiro inesperado. Se estiver acesa, supõe sinais de demência ao redor de nós, ainda que não em pessoas da família, mas em algum conhecido.

- **BRASEIRO**
Uma pessoa querida sofrerá um acidente.

- **BRINDES**

Símbolo de alegria pelo nascimento de uma criança chegada a você.

- **BROCA**

Se tiver algum caso ou assunto pendente por resolver e sonhar com uma broca, logo receberá uma solução favorável.

- **BROCHA**

Sonhar que você ou outras pessoas estão pintando a casa com uma brocha é sinal de benefícios e satisfações.

- **BROCHE**

Se sonhar que o compra, receberá um alarme falso. Se o perde, será objeto de uma injusta acusação, da qual, porém, sairá vitorioso.

- **BROTO**

Se você mesmo ou um jardineiro contemplam os brotos de uma planta ou faz enxertos com eles anuncia-lhe prosperidade lenta, mas continuada no seu estado atual.

- **BRUXA**

Não é agradável sonhar com bruxas, já que traz dificuldades e até perdas no trabalho ou nos negócios. Procure, neste dia, não escorregar na rua, pois a queda terá más consequências. Boa ventura. Se se trata de uma cigana quem lhe diz, deve estar alerta contra seus inimigos.

- **BUQUE**

Se viajar nele como passageiro e o navio estiver detido em meio ao mar, significa que pode adoecer e, se não for atendido prontamente, pode chegar inclusive à morte. Se for uma pessoa dedicada aos negócios quem sonha que viaja no buque, obterá grandes ganhos. Se se trata de uma mulher solteira, sonhar que vai como passageira no barco será fiel aviso de um matrimônio próximo, salvando os inconvenientes que a ela possam se apresentar.

38 | Os Sonhos de A a Z e suas Interpretações

- **BURLA**
Sonhar que está burlando alguém sinaliza que encontrará alguém que irá burlá-lo. Entretanto, se outra pessoa faz chacota de você, não tardará em vê-la afetada por um acidente grave.

- **BURRO**
Se sonhar com um burro de cor branca, logo receberá dinheiro. Se o animal for pardo ou cinza, deverá preparar-se para evitar um engano de que o farão vítima. Ver-se montado nele significa que nunca há de perder a confiança da pessoa a quem ama.

- **BUSTO**
Ver o busto de uma personagem é signo de que logrará considerações e honras.

C

- **CABAÇA (OU ABÓBORA)**
Quem sonha com cabaças e está enfermo logo recuperará a saúde.

- **CABANA**
Sonhar com uma cabana é sinal de felicidade, mas se está derruída e abandonada, significa trabalhos penosos e amizades truncadas.

- **CABARÉ**
Se estiver num cabaré em companhia de outras pessoas, é sinal de fortuna e sorte. Se estiver só, indica perigos e dissabores.

- **CABEÇA**
Uma cabeça grande significa aumento de riquezas. Se aparece só, sem o corpo, indica liberdade. Se uma pessoa enferma sonha que lhe cortam a cabeça, é sinal de que logo melhorará. Se você a corta de alguém, é augúrio propício para jogar na loteria. Ver cortar a de outra pessoa é presságio de que ganhará dinheiro e adquirirá novas e importantes relações. Sonhar com uma cabeça de uma pessoa de raça negra anuncia uma próxima viagem.

- **CABELEIREIRO**
Sonhar que o cabeleireiro é uma pessoa limpa e elegante significa que prosperará no seu trabalho ou negócio. Um cabeleireiro desalinhado e sujo indica tudo ao contrário. Se for você o cabeleireiro e atende um cliente, é augúrio de enfermidade.

40 | Os Sonhos de A a Z e suas Interpretações

- **CABELO**
Se os cabelos são negros e encrespados, é signo de pesares e infortúnios. Se estiverem bem penteados, indicam amizades, mas se o que vê estiverem caindo anuncia a perda de amigos. Se estiver branco, vaticina falta de dinheiro. Se forem loiros, nos trarão alegria e satisfações. Ver ou usar o cabelo desgrenhado avisa-nos de que há possibilidade de sofrer contrariedades. O cabelo longo, se é um homem que o usa, nos conduzirá a desenganos. Se brilhar numa mulher, augura-nos uma vida tranquila, um matrimônio aprazível e a chegada de filhos saudáveis.

- **CABO**
Procure ter cuidado com sua saúde, já que pode ficar prejudicada.

- **CABRA**
Sonhar que segura uma cabra pelos chifres indica que triunfará sobre seus inimigos, mas se ela o chifra, deverá afastar-se dos seus inimigos. Um rebanho de cabras significa pobreza e má situação.

- **CABRITO**
Ver um rebanho de cabritos nos seus sonhos pressagia uma notícia de luto pela morte de um familiar, que o afetará muito.

- **CAÇAR**
Se for você o caçador, terá motivos de satisfação. Se cobrares muitas moedas, é o momento oportuno para empreender negócios.

- **CAÇAROLA**
Sonhar que está vazia na véspera de casar-se é presságio de que seu matrimônio não será muito afortunado. Não obstante, vê-la cheia de comida indica o contrário.

- **CACAU**
Logo receberá notícias de uma antiga amizade com quem manteve relações.

- **CACHIMBO**
A pessoa que sonha que fuma um cachimbo obterá honras e benefícios. Mas, se o quebra, sofrerá desgosto e contrariedades.

- **CACTO**
Alguém tentará abater seu orgulho.

- **CADÁVER**
Se sonhar que beija um cadáver, sua vida será longa e venturosa.

- **CADEADO**
Sonhar com um cadeado significa perda de dinheiro ou de objetos.

- **CADEIRA**
Estar sentado numa cadeira é sinal de distinção. Ver várias cadeiras significa descanso e tranquilidade. Se a cadeira for grande, é sinal de alegria e prosperidade.

- **CADERNETA**
É uma clara advertência de que deve procurar ser mais comedido nos seus gastos, se não quiser acabar na miséria.

- **CAFÉ**
Sonhar com o grão cru significa melhoria em seus negócios; se estiver torrado, receberá visitas agradáveis; se estiver moído, seus projetos e ilusões se tornarão realidade.

- **CAIXA**
Qualquer caixa que está cheia significa prosperidade, sorte e viagens; se estiver vazia, revela inconvenientes. Se sonhar com uma pilha de caixas, deverá precaver-se contra invejosos.

- **CAIXÃO**
Funesto aviso da morte de uma pessoa amiga. Se for você quem está dento do caixão, significa que desfrutará de uma longa vida.

42 | Os Sonhos de A a Z e suas Interpretações

- **CAL**
Sonhar com cal significa que uma pessoa em quem depositava sua confiança está ocultando-lhe as verdades a respeito de questões de grande transcendência.

- **CALABOUÇO**
Se se acha encerrado num calabouço, receberá grande consolo nessa situação. Se costumar entrar nele, é um indício de boa saúde.

- **CALAMAR**
Sonhar com calamares é um feliz anúncio de receber dinheiro.

- **CALÇAS**
Se no sonho a calça for nova augura êxito. Se estiver em mal estado, é sinal de indigência.

- **CALDO**
Tomar uma xícara de caldo indica penas, dissabores e intrigas causados pelos ciúmes.

- **CALENDÁRIO**
É aviso de que não deve aceitar um convite que lhe farão em breve, assim evitará um grave desgosto.

- **CÁLICE**
Este sonho indica profundas crenças religiosas.

- **CALOR**
Sonhar que sente muito calor é indício de vida longa.

- **CALOS**
Sonhar que tem calos augura pesares e desgostos familiares.

- **CALÚNIA**
Logo receberá visitas de alguns amigos solicitando-lhe favores.

• CALVÍCIE
Se for você que sonha que está calvo, augura contrariedades e aflições que se aproximam e que talvez possam influenciá-lo a beber. Se os que ficam calvos são amigos, deve tomar cuidado com eles, já que tentarão tramar algo contra você para que venha a prejudicá-lo.

• CAMA
Sonhar com uma cama limpa indica uma situação estável em sua vida. Se estiver suja e desarrumada, é augúrio de contrariedades. Estar só, deitado nela, pressagia a chegada de uma enfermidade.

• CAMAREIRA
Sonhar com uma boa camareira de boa aparência e bem vestida com seu uniforme sinaliza fracasso no amor.

• CAMÉLIA
Se sonhar que cheira esta flor evite ter amizade com a pessoa que se aproxima com propostas amorosas, pois se arrependerá, já que será muito endeusado e vaidoso.

• CAMELO
Se sonhar com um camelo, lhe sobrevirão penas por infidelidade da pessoa a quem ama. Se o vê em caravanas, é sinal de riqueza e fim das dificuldades domésticas.

• CAMINHÃO
Este sonho anuncia a oportunidade que terá de obter uma herança, ainda que não seja muita coisa.

• CAMINHO
Ver um caminho reto ou andar por ele é um signo de alegrias. Se for difícil e pedregoso, indica que lhe apresentaram muitos obstáculos.

44 | Os Sonhos de A a Z e suas Interpretações

- **CAMISA**
Sonhar com uma camisa branca e limpa é um sinal de que receberá gratas visitas de amigos que o convidarão a uma festa. Se a camisa estiver suja, os amigos que o visitarão só lhe trarão dissabores.

- **CAMPO**
Se no seu sonho vê um campo cultivado e belo, prediz um matrimônio próximo e uma herança inesperada. Se o campo estiver ermo é presságio de contrariedades no seu trabalho.

- **CANAL**
A feliz intervenção de um bom amigo acertará um assunto que o preocupa muito.

- **CANÁRIO**
Vê-lo na gaiola é um sinal de que está enamorado. Ouvi-lo cantar significa que logo receberá uma confidência amorosa. Se o canário escapa, sinaliza a ruptura com a pessoa que ama.

- **CANDELABRO**
Pressagia que encontraremos pela rua um objeto de pouco valor, não obstante, se o candelabro estiver aceso, aumenta a importância do achado.

- **CANELA**
Sinaliza um grato encontro com a pessoa que estimamos.

- **CANHÃO**
Sonhar que está diante de um canhão significa que algo inesperado se apresentará em sua vida. Ouvir um canhão pressagia ruína e quebra em negócios.

- **CANHOTO**
Desconfie de um amigo que o anima com boas promessas. Seja precavido e aja com conhecimento de causa.

- **CANINOS**

  Se perder seus próprios caninos por acidente ou por intervenção do dentista, significa a perda de parentes próximos. Sonhar com presas de elefante é símbolo de prosperidade.

- **CÂNTARO**

  Cheio de água, de leite ou outro líquido, anuncia a chegada de um bem inesperado e muita satisfação. Se o cântaro estiver vazio ou quebrado, significa a perda da sua situação atual.

- **CANTINA**

  Estar dentro de uma cantina é sinal de tristeza ou de enfermidade.

- **CANTO**

  Se for você quem canta ou ouve, prognostica tristeza.

- **CÃO**

  Se sonhar com um cão de cor negra, indica que deve precaver-se contra um inimigo perigoso. Um cão adormecido é sinal de paz e tranquilidade. Se ladra ou grunhe, há que procurar cuidar-se de si mesmo e da família. Vários cães em atitude tranquila ou dormindo significam boa saúde e aumento de filhos. Se estiverem brigando entre eles ou com outro animal, pode ver-se envolvido em rixas.

- **CAPA**

  Sonhar com ela é um feliz augúrio de notícias que lhe causarão sorte e alegria. Se a veste, receberá dinheiro que não esperava.

- **CAPACETE**

  Trazê-lo posto é augúrio de esperanças vãs. Sonhar com muitos capacetes significa que haverá discórdia entre família.

- **CAPELA**

  Seus sentimentos logo o levarão de novo ao bom caminho.

46 | Os Sonhos de A a Z e suas Interpretações

- **CAPITÃO**
Sonhar com um capitão é um bom presságio. Prosperará no seu trabalho e a paz e a tranquilidade entrarão no seu lar.

- **CARACÓIS**
Se em sonho vê um formoso penteado com caracóis, adverte-o de que deve ter muita prudência numa festa próxima, a que será convidado, procurando não abusar do álcool, já que, talvez, como consequência disso, fará um espetáculo desagradável que prejudicará sua boa reputação.

- **CARACOL**
Sonhar com caracóis anuncia-lhe uma longa viagem. Se o come, significa sorte e abundância. Se estiverem vazios, auguram perda de dinheiro.

- **CARAMELOS**
Comer caramelos prognostica que alguém se atreverá a injuriá-lo, causando-lhe amargura e desgosto.

- **CARANGUEJO**
Se sonhar que o come, desavenças com alguém que sempre mereceu seu apreço e amizade.

- **CARAVANA**
Vê-la passar indica lucros nas suas transações. Se fizer parte dela, satisfações na próxima viagem que pensa empreender.

- **CÁRCERE**
Se for você que estiver encarcerado, significa que um perigo iminente o ameaça. Sonhar que sai da prisão é sinal de um triunfo seguro depois de longas crueldades.

- **CARDEAL**
Feliz sonho que proporciona grande êxito em nossa situação atual.

C | 47

- **CARÍCIAS**
Sonhar que acaricia ou é acariciado é sinal de felicidade e reuniões agradáveis.

- **CARIDADE**
Se nos sonhos é caritativo com alguma pessoa, significa que receberá notícias ruins. Se for você quem recebe caridade de alguém, terá o afeto dos seus amigos.

- **CARNAVAL**
Estar numa festa de carnaval é indício de sucessos favoráveis que lhe proporcionarão muitas satisfações. Se, por desgraça, embriaga-se na festa, é sinal de prejuízo nos seus interesses.

- **CARNE**
Comer uma carne saborosa significa satisfações na sua vida; entretanto, se a come crua ou em mau estado, é aviso de amarguras.

- **CARNEIRO**
Sonhar com carneiros sinaliza que, ao contrair matrimônio, seu marido ou sua esposa não o fará feliz.

- **CARRETEL**
Se o carretel tem o fio ou cordão bem enrolado, um amigo o brindará logo com uma ajuda para realizar um negócio. Se o fio estiver emaranhado e sujo indica que sofrerá maledicências por parte da sua família.

- **CARTA**
Escrevê-la ou recebê-la é indicação de breves notícias de familiares ou amigos que serão motivos de alegria. Se se trata de cartas de baralho, os ases indicam triunfo; os reis, proteção; os cavalos, inveja de amigos; os valetes, rivalidades; os ouros, bons negócios; as copas, um grande afeto; as espadas, enfermidade leve e os paus, um aumento de dinheiro.

48 | Os Sonhos de A a Z e suas Interpretações

- **CARTEIRA**
Sonhar com uma carteira escolar prognostica sem dúvida alguma que todas as maquinações e falatórios dos que, todavia, é objeto, não tardarão em acabar com um rotundo triunfo sobre seus inimigos. Se encontrar uma carteira, prognostica que pode apresentar-se um caso estranho ou misterioso.

- **CARTEIRO**
Não tardará em receber gratas notícias de uma pessoa querida.

- **CARVALHO**
Se o carvalho é corpulento e frondoso, é augúrio de felicidade e de uma longa e tranquila vida. Não obstante, sonhar que um que o derruba, pressagia má sorte e de fortuna.

- **CARVÃO**
Sonhar com carvão aceso pressagia êxitos; se está apagado, dificuldades para cobrar o dinheiro que lhe devem. Se for você quem tira o carvão a terra, é sinal de riquezas inesperadas.

- **CASA**
Sonhar que é proprietário de várias casas anuncia penúria; edificá-la, contrariedades e vê-la tremer, perda de bens ou processos.

- **CASADO**
Se for solteiro e sonha que está casado, logo conhecerá uma pessoa que o impressionará gratamente.

- **CASAMENTO**
Se for seu próprio casamento, indica que gozará de uma magnífica situação com a ajuda de um familiar ou amigo. Sonhar que simplesmente assiste às bodas, receberá lamentáveis notícias da morte de um ser querido.

- **CASCATA**
É o anúncio de um matrimônio feliz.

- **CASTANHA**
Comer castanhas em sonhos augura êxito nos negócios. Se as come assadas, significa gratas reuniões e comidas.

- **CASTANHOLAS**
Tanto tocá-las como ouvi-las é sinal de distrações frívolas.

- **CATACUMBAS**
Grato augúrio de que se livrará de um mal que vem preocupando-o há muito tempo.

- **CATÁLOGO**
Se sonhar que tem um catálogo entre as mãos, confie numa melhora do seu estado atual, em particular, tratando-se de dinheiro.

- **CAUDA**
Sonhar com a cauda de um animal é indício de que a pessoa que acaba de conhecer não é de confiança. Não obstante, se a cauda é extremamente longa, essa amizade lhe será benéfica.

- **CAVALETE**
Se for novo, receberá desenganos amorosos.

- **CAVALGAR**
Se cavalgar um cavalo, terá triunfo e prosperidade. Se montar um burro, significa problemas com a justiça. Terá muitos obstáculos que só poderá vencer dispondo de todo seu esforço e tenacidade.

- **CAVALO**
Um cavalo negro indica que logo se casará com uma pessoa rica, ainda que de mau-caráter; se se trata de um cavalo branco, augura ganhos; se está coxo, pressagia contrariedades. Um ou mais cavalos ungidos a um carro pressagia ascensão e melhoras no trabalho.

50 | Os Sonhos de A a Z e suas Interpretações

- **CAVEIRA**
Uma ou mais caveiras pressagiam enganos e má-fé de gente que se diz amiga e que só quer prejudicá-lo.

- **CEBOLA**
Comer cebolas é indício certo de contrariedades.

- **CEDRO**
Indica uma velhice feliz, sendo amado por seus familiares e estimado por seus amigos.

- **CEGONHA**
Se a vê voando, procure proteger-se contra inimigos que querem causar-lhe danos. Se estiver pousada no chão, deverá ser mais cuidadoso o seu trabalho ou negócio. Caso a veja formando par com outra, sorte no amor.

- **CEGUEIRA**
Se sonhar com um cego de nascimento, deverá desconfiar de algum amigo que o rodeia. Se for você o cego, será necessário que cuide dos olhos, já que pode ter problemas de visão.

- **CEIA**
Participar de uma ceia em companhia de várias pessoas anuncia que logo terá alegria e bem-estar. Se ceares só, será um sinal de situações difíceis.

- **CELEIRO**
Procure livrar-se de certas tentações que só poderão causar-lhe sensíveis prejuízos.

- **CEMITÉRIO**
Estar num cemitério augura uma vida futura cheia de paz e considerações.

C | 51

- **CENOURA**
Se sonhar que as semeia, quer dizer que lhe pedirão dinheiro emprestado; se as colhe, será você quem terá que recorrer a um amigo para pedir-lhe um empréstimo.

- **CERA**
Se for branca, significa uma reunião agradável para tratar de uma boda próxima; se for negra, indica herança; vermelha, prognostica maus negócios.

- **CEREAIS**
Se come trigo, milho, aveia etc. terá inesperado ganho nos seus negócios.

- **CEREJAS**
Vê-las significa sorte e prazer; comê-las, ter boas notícias.

- **CERVEJA**
Beber um copo de cerveja é augúrio de fadiga e cansaço; mas se toma vários copos sem chegar a embriagar-se, será anúncio de um repouso e de uma tranquilidade que jamais havia ganhado.

- **CERVO**
Vê-lo correr é sinal de bons lucros. Matá-lo indica uma herança inesperada.

- **CERZIDO**
Se vires alguém cerzindo roupas, meias etc., significa que receberá a satisfação de que um familiar triunfará na empresa que criou. Se for você quem faz o cerzido, quer dizer que obterá benefícios em seus negócios.

- **CESTA**
Sonhar com uma canastra repleta de frutas, verduras e comestíveis é um bom augúrio, já que sinaliza abundância de bens, mas se estiver vazia e rota, logo terá problemas econômicos.

52 | Os Sonhos de A a Z e suas Interpretações

- **CÉU**
Um céu limpo, despojado ou cheio de estrelas indica que logo se realizarão suas desejadas ilusões.

- **CHÁ**
Tomar chá em sonhos indica que sofrerá contrariedades passageiras.

- **CHACAL**
Sonhar com esse horrível animal significa que deve ser você mesmo quem há de resolver seus problemas, sem contar com nenhuma outra pessoa.

- **CHAGA**
Se sonhar que tem feridas é sinal de perda de dinheiro.

- **CHAMADA**
Se no sonho fala com alguém por telefone, considere como uma lembrança de um assunto que tenha esquecido, mas que deve levá-lo a sério. Entretanto, se ao falar menciona seu nome, é sinal de que tudo vai bem.

- **CHAMAS**
Este sonho é um sinal para cuidar de sua saúde, em particular dos pulmões e do coração, procurando evitar atos violentos ou emocionais.

- **CHAMINÉ**
Se estiver acesa é indício de gratos prazeres; se estiver apagada, é um sinal de pesadelo.

- **CHAMPANHA**
Sonhar com champanha indica que não deve desperdiçar seu dinheiro, pois corre o risco de perder o que tem.

- **CHAPÉU**
Ver ou possuir um chapéu novo no seu sonho é augúrio de alegria e de fortuna. Se estiver muito usado, sinal de desgraça moral ou física que lhe causará grandes preocupações.

- **CHARLATÃO**
Vê-lo e ouvi-lo numa praça pública significa que haveremos de ter prudência, caso chegássemos a comprar algum dos produtos que oferece, já que isso nos aportará desgosto e enfermidades.

- **CHAVE**
Sonhar com chaves significa alegria saudável. Vê-las num chaveiro quer dizer que logo assistiremos a um matrimônio. Perder uma chave prediz que nos espera um grande desgosto. Encontrá-la, pequena aventura amorosa.

- **CHICLETES**
Sonhar que você mesmo os mastiga é augúrio de falatórios e maledicência. Ver outra pessoa mastigando-os significa perda de dinheiro.

- **CHICOTE**
Golpear alguém com um significa inconvenientes para si mesmo.

- **CHINÊS**
Sonhar com um só chinês é sinal de realizar logo uma viagem agradável. Se fizer negócios com ele, aumentarão seus ganhos e seu prestígio. Se forem vários chineses, esse mesmo negócio pode fracassar.

- **CHISPA**
Ver chispas em sonhos não é bom; mas leve em conta que se se tem escassez e contrariedades, elas logo se transformarão em abundância e felicidade. Mas fique alerta, também pode ser augúrio de um incêndio.

54 | Os Sonhos de A a Z e suas Interpretações

- **CHOÇA**
Achar-se só numa choça indica descanso e tranquilidade. Se nela também estiver outras pessoas significa que logo começará uma boa amizade; mas, se a choça está abandonada, sofrerá a perda de um dos seus melhores amigos.

- **CHOCAR**
Se, caminhando pela rua ou conduzindo um carro choca-se contra outra pessoa ou veículo, é indício claro de que deve cuidar dos nervos ou do modo de ser, para evitar muitas dificuldades.

- **CHOCOLATE**
Tomar chocolate significa paz, saúde e satisfações domésticas.

- **CHOFER**
Se for você quem conduz o carro, vaticina penas e contrariedades.

- **CHOURIÇO**
Sonhar que come chouriço significa lucro econômico.

- **CHUMBO**
Se o vê em lingotes, é um aviso de que terá de ser prudente em seus assuntos e com os amigos. Tubos de chumbo é um presságio de boas amizades. Não obstante, procure cuidar de sua saúde.

- **CHUVA**
Se a chuva é abundante e tempestuosa, augura felicidade para os humildes e temores para os ricos. Se se trata de uma chuva suave, bons ganhos nos negócios.

- **CICATRIZ**
Sonhar que está aberta é sinal de generosidade e afeto da sua parte. Se estiver tratando ou já curada, pressagia que sofrerá ingratidão.

C | 55

- **CIDADE**
Se sonhar com a cidade em que nasceu e está ausente dela indica que terá um dia de pesar e melancolia. Se estiver perdido numa cidade por desconhecê-la, terá uma feliz mudança em sua vida.

- **CIDADELA**
Este sonho indica que a razão e o direito estão conosco e triunfaremos em nossos assuntos.

- **CIDRA**
Sonhar com garrafas de cidra ou que a tomamos numa festa vaticina que se aproximam grandes satisfações.

- **CIGANA**
Sonhar com uma cigana das que dizem a sorte indica que poderá sofrer uma enfermidade.

- **CIGARRO**
Se estiver aceso, denota amizade. Apagado, indica contrariedades.

- **CIMO**
Sonhar com o cimo de algum monte tem um significado de distinções e honras no seu trabalho. Também pode ser bom sinal de consecução de riquezas.

- **CINEMA**
Se, ao ver um filme, aparece nele, procure recorrer ao seu bom sentido para sair com êxito dos assuntos que o atazanam. Se a câmara estiver funcionando, logo se inteirará de algum segredo.

- **CINTO**
Se for um cinto novo, é um sinal de honra e talvez de um próximo matrimônio. Se for velho, será presságio de penas e esforços. Se sonhar que o cinge, procure ter cuidado com os amigos. Se, por algum motivo, o deixa, significa que sofrerá contratempos.

- **CINZAS**
Sonhar com cinza é de mau augúrio. Alguém chegado a você sofrerá grave enfermidade, que pode levá-lo à morte.

- **CIPRESTE**
Sonhar com um cipreste é um símbolo de melancolia. Se o vê num cemitério, demonstra fidelidade além da morte.

- **CIRCO**
Sonhar com um circo vaticina que os esforços e os trabalhos que atualmente realiza terão um final feliz, ainda que não em breve. Seja paciente.

- **CÍRIO**
Se estiver aceso, é augúrio de matrimônio; apagado, presságio de uma grave enfermidade.

- **CIRURGIÃO**
Sonhar que um cirurgião opera indica triunfo e felicidade.

- **CISNE**
Se o cisne é branco, terá satisfações e saúde; se é de cor negra, sobrevirão desgostos familiares. Ouvi-lo cantar pressagia a morte de algum amigo.

- **CIÚMES**
Se são por causa de uma pessoa amada, é aviso de que levará adiante as dificuldades que atualmente tem em questões amorosas. Se alguém os sente da pessoa que sonha, augura que será vítima de uma má ação.

- **CLARIM**
Tocar ou ouvir um clarim significa que receberá uma grata notícia que não esperava.

- **CLAUSTRO**
Há de receber alguém que se apresenta como um bom amigo.

C | 57

- **COELHOS**
Sonhar com coelhos brancos significa saúde e fortuna, mas se são de cor negra, o sonho lhe será contrário.

- **COFRE**
Se o cofre estiver cheio de dinheiro obtido mediante as economias, aumentarão suas riquezas; se estiver vazio, que passará por grande dificuldade.

- **COGUMELOS**
Sonhar com eles no seu estado natural, quer dizer, sem cozinhar, significa obstáculos em sua vida. Sonhar que os vê anuncia rinhas ou discussões. Comê-los, indica saúde e longa vida. Tanto sonhar que os come como se os vê comer anuncia uma longa e venturosa vida.

- **COLAR, GRUDAR**
Sonhar que está colando algum objeto indica que logo terá notícias de alguma pessoa amiga, a qual considerava uma egoísta, e se oferecerá para ajudá-lo em algo que lhe trará bons resultados e melhor rendimento. Se suja as mãos com a cola que está usando, significa que se lhe apresentarão problemas com gente intrigante e sem consideração.

- **COLAR**
É um signo de maledicências e calúnias. Se o colar é de ouro, augura decepções. Se for de pedras preciosas indica falatório de mulheres.

- **COLCHÃO**
Se é você mesmo quem dorme sobre o colchão novo, são fatos agradáveis; se o colchão está velho e sujo, demonstra negligência de sua parte em todos os seus trabalhos e assuntos, portanto, deverá retificar seus métodos.

58 | Os Sonhos de A a Z e suas Interpretações

- **COLÉGIO**
Sonhar que ajuda um colégio significa apoio e ajuda de amigos.
Se for uma pessoa mais velha, é um sinal de que não leva a vida
com a seriedade própria da sua idade.

- **COLETE**
Procure evitar esbanjamento de dinheiro, assim aumentará sua
fortuna; gastá-lo tolamente o levará à ruína.

- **COLHEITA**
Se for você quem recolhe uma colheita abundante, há de ter
cuidado com futuras perdas pessoais.

- **COLHER**
Sonhar com colher é augúrio de felicidade doméstica. Se for de
ferro ou simplesmente de lata, é um sinal de tristeza. Se for de
madeira, simboliza pobreza.

- **COLIBRI**
A mulher solteira que sonha com um colibri e tem noivo
conhecerá outro homem que será seu verdadeiro amor.
Se já for casada suas relações conjugais melhorarão notavelmente.
Se for homem quem tem o sonho, é aviso de uma aventura
amorosa.

- **COLINA**
Estar no alto de uma colina anuncia que teremos uma perda de
dinheiro, consequentemente penalidades e dissabores.

- **COLMEIA**
Uma atividade numa colmeia é augúrio de riqueza e prosperidade.
Uma colmeia abandonada indica enfermidade.

- **COLUNA**
Denota constância e firmeza, qualidades que deverá manter para
triunfar na vida.

- **COMETA**
Sonhar com um cometa augura felicidade efêmera.

- **COMICHÃO**
Sentir comichão por todo o corpo é presságio de dinheiro.

- **COMIDA**
Comer numa mesa farta é o anúncio de íntimas satisfações. Se os pratos são servidos num lar humilde, é sinal de adversidade. Comer só indica perda de prestígio, mas, se estiver acompanhado de familiares e amigos, aguardam-lhe honras.

- **COMPASSO**
Sonhar com esse instrumento tem um significado magnífico, já que é o anúncio de uma vida feliz, saudável e organizada.

- **COMPRAS**
Sonhar que vai às compras é sinal de alegria e felicidade.

- **COMPRIMIDOS**
Sonhar que vê ou que toma comprimidos significa que logo receberá um presente, ainda que quem o ofereça o faça por interesse.

- **CONCERTO**
Sonhar que ouve um concerto é um sinal de bondade e de sentimentos delicados. Vaticina uma grata convalescência para os enfermos e uma saúde inalterável para as pessoas sãs.

- **CONCHA**
Se a concha estiver cheia de comida, é sinal de felicidade no seu trabalho; se estiver vazia e quem sonha com ela é uma pessoa viúva, logo se casará novamente.

- **CONDECORAÇÃO**
Receber condecorações em forma de cruz cristã é indício de alegria e honras. Se se tratar de uma cruz gamada, sinal de violência e adversidade.

60 | Os Sonhos de A a Z e suas Interpretações

- **CONDENAÇÃO**
Se provier de um juiz é um lamentável aviso de a paz e a tranquilidade do seu matrimônio estão em perigo.

- **CONFISSÃO**
Confessar-se ante um sacerdote é um grato augúrio de restabelecimento da enfermidade que o aflige.

- **CONSERVAS**
Se sonhar com vidros de conservas, deverá não ser tão pródigo atendendo males alheios. A caridade é boa, mas com medida.

- **CONSULTA**
Se sonhar que consulta um advogado proteja seu dinheiro; se é com um médico, cuide da sua saúde.

- **CONTADOR**
Se sonhar com contadores, logo receberá uma renda que o ajudará a liberar-se de algumas pequenas dívidas que tem, o que trará sua tranquilidade. Por outro lado, deverá cuidar de sua higiene diária para evitar que seu cabelo ou sua pele sejam atacados por parasitas.

- **CONTOS**
Se for um adulto que está lendo contos infantis, terá leve contrariedade com uma pessoa próxima.

- **CONTRABANDO**
Sonhar que está metido em assuntos relacionados com uma operação de contrabando augura-lhe inesperados ganhos, mas se são outras pessoas que intervêm nele, deve estar prevenido contra desenganos e perigos que ignora.

- **CONTRATO**
Se o contrato que se firma é para alugar uma casa, significa que terá razões para alegria e as próximas notícias de satisfação. Se o faz firmar, também será motivo de prosperidade.

C | 61

- **CONVALESCÊNCIA**
Sonhar com sua própria melhora de saúde indica boda próxima ou herança.

- **CONVENTO**
Se no seu sonho está recolhido nele, terá paz e ganhará o afeto de sua família e amigos. Se estiver numa cela de castigo ou penitência, receberá notícias satisfatórias com respeito a um caso que vem preocupando-o há tempos.

- **CONVIDADOS**
Se estiver numa festa rodeado de convidados que o mimam e adulam, recomenda-se prudência na hora de afastar-se daqueles que pode reconhecer.

- **CONVITE**
Se sonhar que recebe um convite para uma festa, tenha por seguro que ele não tardará em chegar às sua mãos.

- **COPO**
Esse sonho apresenta várias interpretações, dependendo de cada caso: pode anunciar um próximo compromisso ou enlace matrimonial; se estiver cheio de água, aumento da família; se for de vinho, consolo para nossas penas; de cerveja, uma breve viagem; de licor, fúteis aventuras amorosas. Sonhar com um copo quebrado é sinal de sorte e fortuna.

- **CORAÇÃO**
É augúrio de que sofrerá uma enfermidade. Se quem sonha com ele está apaixonado, será traído pela pessoa que ama.

- **CORCUNDA**
Este sonho é augúrio de bem-estar e riquezas.

62 | Os Sonhos de A a Z e suas Interpretações

- **CORDA**
Sonhar que compra uma corda indica que os assuntos não andam bem. Se a vende, deverá desconfiar de certos falatórios. Se a corda estiver em bom estado, pressagia saúde e longa vida; gasta ou rota, honras e poder.

- **CORDA**
Ver uma corda em sonhos é indício de longa e penosa enfermidade.

- **CORDEIRO**
Se no seu sonho for proprietário de um rebanho de cordeiros, logo receberá consolo às suas aflições.

- **CORES**
O branco assinala paz e harmonia. O negro é símbolo de tristeza, melancolia e luto. O azul, de satisfação e alegria. Se se trata do vermelho, anuncia notícias inesperadas e não muito boas. A cor rosa é augúrio de sentimentos nobres e amorosos. O verde nos trará esperanças. A cor violeta é símbolo de melancolia.

- **CORNO**
Os chifres são um bom augúrio de ganhos inesperados, sempre que se trata de cornos de animais. Se for você mesmo quem sonha que os traz na frente, é um símbolo desagradável de perigo e de infidelidade. Não obstante, trazê-los à mão é um excelente presságio de bem-estar. Ouvir tocar um corno de caça significa uma declaração de amor. Tocá-lo, sinal de que terá pequeno desgosto amoroso.

- **COROINHA**
Se vires um ou mais coroinhas ajudando um sacerdote no ritual da missa, sofrerá a perda de algo muito querido, que lhe causará grande desgosto.

- **CORONEL**
Sonhar com um coronel é augúrio de glória.

- **CORPO**
Sonhar com o próprio corpo enfraquecido é sinal de problemas e contrariedades na vida. Sonhar que seu corpo está robusto simboliza bem-estar e riquezas.

- **CORREIO**
Entrar numa agência de correios para receber alguma carta é presságio de que a pessoa que ama não corresponde seus amores.

- **CORRENTE**
Se estiver atado a correntes é sinal de penas e dissabores, mas, se consegue rompê-las, pouco a pouco irá sair do infortúnio.

- **CORRER**
Atrás de um inimigo ou assaltante lhe trará benefícios nos seus assuntos. Ver gente correr indica discussões e desgosto.

- **CORTAR**
Augúrio de contrariedades. Terá que estar prevenido para evitar males maiores.

- **CORTEJO**
Sonhar com um cortejo é sinal de reuniões e cerimônias agradáveis. Se o cortejo é nupcial, sinaliza um possível luto na família ou chegados.

- **CORTIÇA**
Ainda que só seja uma tampa de garrafa, significa que seu procedimento correto tirará seus familiares de apuros.

64 | Os Sonhos de A a Z e suas Interpretações

- **CORTINA**
Se as cortinas são luxuosas, significa uma vida de preocupações; se estão corroídas, trarão miséria. Se sonhar que estão entreabertas, saberá de algum segredo que surgirá, ainda que não seja de muita importância nem transcendência. Se as cortinas estão cerradas, deverá procurar não divulgá-lo, já que poderia ter graves consequências. Sonhar com a cortina de um teatro significa que deve falar ou portar-se com franqueza em assuntos de trabalho ou negócios, sairá ganhando com isso.

- **CORUJA**
Sonhar com uma coruja não é um bom augúrio, sinaliza uma grave enfermidade ou morte de alguém a quem estima muito.

- **CORVO**
É um sonho de mau presságio. Se se agita sobre você, cravando suas garras, terá que recorrer a um agiota, numa tentativa de remediar sua situação precária. Vários corvos são um indício claro de aflições e misérias. Ouvi-los grasnar augura o enterro de um ser querido num futuro próximo.

- **COSER**
Sonhar com uma pessoa que está cosendo é indício de avareza.

- **COSTAS**
Se for você mesmo quem sonha com suas costas, é sinal de infortúnios irremediáveis.

- **COSTELAS**
Vê-las fraturadas indica disputas matrimoniais, cuidado com a felicidade conjugal e ganância.

- **COTO**
Quem sonha com um coto terá que andar com cuidado, já que o acerca um grave perigo.

C | 65

- **COTOVIA**
Se a cotovia está em pleno voo, é presságio de elevação e de boa sorte. Se permanecer pousada no chão, indica mudanças bruscas no seu trabalho.

- **COUVE-FLOR**
Sonhar com couves-flores indica penas amorosas, ainda que, afortunadamente, passageiras. Se as come, é um sinal de intriga dentro da sua própria família.

- **COXO**
Sonhar com uma pessoa coxa anuncia que será convidado para uma festa onde fará uma amizade que pode o favorecer. Se sonhar que você coxeia, desengane-se no momento dos projetos que havia feito.

- **COZINHA**
Se estiver na cozinha preparando algum manjar, augura que cometerá um erro de que há de procurar resguardar-se. Ver outra pessoa nas funções da cozinha é sinal de que alguém trata de desprestigiá-lo.

- **CRAVO**
Se os cravos com que sonha são brancos, auguram uma feliz ajuda que poderá considerar como uma bênção do céu; de cor amarela, significa inveja por parte de alguém próximo que se considera seu amigo; se são vermelhos indicam que seu ânimo é apaixonado e sensual. Se for você quem traz um ramo de cravos, assistirá a uma boda, talvez como padrinho.

- **CRIADA**
Sonhar com alguma criada ou pessoa que esteja a seu serviço simboliza desavenças e privações.

CRISTAL
Ver o cristal trabalhado em forma de vasos, taças etc. é sinal de amizade e de amor.

CROCODILO
Mantenha-se alerta diante de alguém que pareça atento e decente e se diz seu amigo, mas, no fundo, é um inimigo degenerado.

CRUCIFIXO
Augura a partida de um familiar em busca de aventuras ou uma melhora no seu estado atual.

CRUZ
O símbolo da cruz para os enfermos é um grato anúncio de melhora e o final de árduos problemas. Se quem sonha com a cruz for um jovem, trata-se de um aviso de matrimônio próximo; se é um idoso, indica uma velhice tranquila.

CURA (PADRE)
Augúrio de desgostos familiares. Se estiverem juntos vários curas, é sinal da morte de uma pessoa próxima ou de um amigo querido.

CURRAL
Se for você quem cuida dele, receberá um prêmio justo pela sua laboriosidade. Se não, encontrará um amor que pode ser correspondido.

D

- **DADOS**
Sonhar que joga uma partida de dados anuncia falatórios de vizinhos ou do lugar onde trabalha. Se vir outros jogarem, terá motivo para alegrar-se em breve com o triunfo de algum familiar ou um bom prêmio na loteria.

- **DAMA**
Se a dama com quem sonha é um modelo de elegância, augura relações enganosas. Se for várias damas reunidas, procure resguardar-se de murmúrios.

- **DAMAS**
Sonhar com o jogo de damas é um sinal de maus negócios.

- **DANÇA**
Se estiver dançando, logo iniciará uma boa e conveniente amizade.

- **DEDAL**
Sonhar que o traz no dedo é o anúncio de bem-estar familiar. Se for uma pessoa casada, sinaliza uma herança.

- **DEDOS**
Se estiverem carregados de anéis indica orgulho, e isso pode ocasionar contrariedades. Sonhar que tem mais de cinco dedos na mão prediz uma herança. Se os dedos são pequenos ou aparecem cortados pressagia a perda de familiares ou amigos.

68 | Os Sonhos de A a Z e suas Interpretações

- **DEGOLAR**
Não se preocupe se sonhar que corta o pescoço de alguém, já que esse sonho indica que fará um grande à pessoa que degola. Se, entretanto, alguém o degola, essa mesma pessoa será quem o ajudará a resolver seus problemas.

- **DEGRAUS**
Indica que terá aventuras amorosas.

- **DEITAR-SE**
Com uma pessoa desconhecida e de outro sexo, indica obstáculos em seus negócios. Com o esposo, más notícias; com a esposa, alegria e felicidade.

- **DEMISSÃO**
Sonhar que é demitido é um sinal de bem-estar e aumento de oportunidades.

- **DENTES**
Dentes sãos indicam alegria e boas amizades. Se sonhar que são arrancados, receberá más notícias; se os vê arrancarem de outros, indica amizades torpes e interesseiras. Alguns dentes manchados auguram uma enfermidade.

- **DENTISTA**
Se o vê ou o atende na sua profissão, será vítima de enganos.

- **DEPUTADO**
Sonhar que é deputado indica que logo será objeto de ingratidões e penalidades.

- **DERRAMAR**
Sonhar que derrama vinho é um símbolo de alegria. Outros líquidos, contudo, indicam tropeços no trabalho ou negócio.

- **DESAFIO**
Este sonho vaticina problemas familiares ou rivalidade entre parentes ou amigos. Sonhar que é você quem provoca o desafio é sinal de que será objeto de infâmias e maledicências. Se for outra pessoa quem o desafia, significa que quem o tenha feito receberá os agravos que queria lhe causar.

- **DESAPARECIMENTO**
Se sonhar que perdeu algo, receberá uma visita inesperada, e também saberá como encontrar algo que procurava e dava por perdido para sempre.

- **DESCER**
Descer indica desgraças e perdas.

- **DESCONHECIDO**
Ver uma pessoa desconhecida é augúrio de um êxito no trabalho ou negócio.

- **DESCULPAS**
Trate de retificar sua conduta para evitar que a gente que o rodeia esteja tramando enganos contra você e seus próximos.

- **DESENHO**
Se for você quem desenha ou vê que o faz com outra pessoa, é sinal de amor ou afeição às belas-artes.

- **DESERTO**
Caminhar por um lugar deserto indica fadiga. Não obstante, não desanime, para lograr o triunfo.

- **DESESPERO**
Esse sonho pressagia muita alegria e felicidade.

- **DESFILE**
Sonhar com um desfile é um signo de amizade.

70 | Os Sonhos de A a Z e suas Interpretações

- **DESGOSTO**
Sonhar que está passando por penas e contrariedades significa que logo receberá uma sincera proteção por parte dos seus chefes ou superiores.

- **DESGOSTO**
Sonhar que sente desgosto ou está enojado pode ser atribuído a um excesso de nervosismo por suas preocupações e seu trabalho. Procure tirar umas boas férias.

- **DESJEJUM**
Sonhar que está tomando o desjejum significa alegria e contentamento numa reunião familiar ou de amigos que logo ocorrerá.

- **DESLOCAMENTO**
Sonhar que num acidente desloca um membro anuncia perda de dinheiro. Seja cauteloso.

- **DESMAIO**
Sonhar que desmaia é sintoma de pensamentos voluptuosos.

- **DESORDEM**
Ver a casa em desordem significa desgosto passageiro. Se for você quem a causou, terá inconvenientes ou dissabores.

- **DESPEDIDA**
Não é grato ter esse sonho. Quase sempre é um sinal de contrariedades e situações ruins.

- **DESPENSA**
É mau augúrio sonhar com uma despensa, já que indica que uma pessoa do seu maior afeto sofrerá uma grave doença.

- **DESPERTAR**
Se sonhar que está dormindo e vem alguém despertá-lo, deverá considerar isso um aviso de que lhe darão um grande desgosto.

D | 71

- **DESPIDO**
Sonhar que está nu por completo é um sinal da chegada de uma enfermidade ou de uma situação ruim. Sonhar com um homem nu denota intranquilidade durante alguns dias; se for uma mulher, desengano; se for um parente ou amigo, discórdia.

- **DESTERRO**
Achar-se no desterro é um bom augúrio, apesar da gente vaidosa que o rodeia.

- **DEUS**
Se sonhar que pede ajuda a Deus, terá um doce consolo de suas aflições e melhoras em sua saúde e seu trabalho.

- **DEUSA**
Ver uma deusa significa contrariedades.

- **DIA**
Sonhar com um dia claro e sereno anuncia alegrias e satisfação durante toda a jornada. Mas, se o dia for cinzento ou chuvoso, seu ânimo amanhecerá pessimista, o que não é um bom sinal para empreender trabalhos nem negócios.

- **DIABO**
É um dos piores sonhos que podemos ter. Seja qual for a forma como sonhemos com ele, pode ser sinal de que o roubem, ou lhe deem uma notícia ruim, ou alguém do seu entorno sofra um acidente. Deus nos livre de tal sonho!

- **DIAMANTE**
Se o usa, anuncia uma grave e longa aflição. Se outras pessoas o usam é sinal de paz e tranquilidade. Encontrá-los significa inquietação, perdê-los, ganhos e presentes.

- **DIARREIA**
Sofrer de diarreia você mesmo é indício que deve ganhar um bom dinheiro que virá inesperadamente. Se for outra pessoa quem está acometida por esse mal, indica que a ela sairá a loteria.

- **DICIONÁRIO**
Vê-lo aberto significa dedicação às ciências. Se estiver fechado, procure não deixar-se levar pelo conselho de outras pessoas.

- **DILÚVIO**
Sempre é presságio de contrariedades, desgraças familiares e perdas nos negócios.

- **DINHEIRO**
Se sonhar que o está contando, logo terá grandes lucros nos seus negócios. Se o acha, é indício da sua futura escassez.

- **DISCURSO**
Esse sonho lhe diz para não perder tempo com promessas e palavreado que a nada haverão de conduzi-lo.

- **DISFARCE**
Ver-se disfarçado numa festa é sinal de alegria momentânea. Também indício de conquistas amorosas.

- **DISPUTA**
Se for entre homens, é sinal de inveja procedente de familiares ou amigos. Se for entre mulheres, doenças.

- **DIVERSÃO**
Cuidado: por afeição à diversão, poderá perder um bom negócio.

- **DÍVIDA**
Ter dívidas em sonhos simboliza que logo receberá grandes benefícios.

• DIVÓRCIO
É um presságio de ciúmes e intrigas conjugais no lar; se queremos ser felizes em nosso matrimônio, teremos que esforçar-nos para consegui-lo.

• DOCA
Se sonhar que está numa doca de um porto, receberá gratas notícias de um amigo que se achava enfermo e recobrou a saúde.

• DOCES
Comer doces é sinal de amargura. Sonhar que os oferece a outra pessoa indica favores e atenções por parte dos amigos. Se for a você que são oferecidos, receberá notícias agradáveis.

• DOMADOR
Esse sonho anuncia êxito passageiro.

• DOMINÓ
Sonhar que joga dominó indica prazeres e diversões.

• DOR
Se sonhar que sofre alguma dor receberá notícias sobre o estado delicado de um familiar.

• DORMIR
Se for uma mulher quem dorme com um homem feio e desagradável, augura tristezas e enfermidades. Se se trata de um jovem bonito e bem apessoado, sinaliza desenganos. Se for um homem que dorme com uma mulher bela e agradável, indica traições. Se dormir com sua esposa, terá más notícias.

• DOSSEL
Sonhar que estamos sob um dossel significa negligência e abandono de nossa parte, o que pode ser causa de infortúnio em nossa velhice se não procurarmos retificar nossa vida.

74 | Os Sonhos de A a Z e suas Interpretações

- **DOTE**
Esse sonho é um bom augúrio de felicidade conjugal.

- **DOUTOR**
Se o doutor entra em nossa casa para atender a um enfermo, significa que algo negativo pode alterar nossa vida.

- **DRAGÃO**
Sonhar com um dragão indica que um amigo que chegou a alcançar poder e dinheiro, tanto nos negócios como na política, estenderá a mão para o ajudar desinteressadamente.

- **DUQUE**
Sonhar com uma pessoa que ostenta o título de duque é um símbolo de proteção eficaz. Caso contrário, se se trata de uma duquesa, se apaixonará por alguém que só lhe aportará humilhações.

E

- **EBANISTA**
Sonhar com uma pessoa que se dedica a fabricar móveis de ébano e madeiras finas indica perigo e perdas econômicas.

- **ECO**
Se for você quem ouve a própria voz pressagia um sucesso favorável. Se o eco procede de outra pessoa, será um sinal de maledicência. Procuremos cuidar de nossa saúde.

- **EDIFÍCIO**
Este sonho significa que deve procurar cumprir com seus compromissos.

- **ÉGUA**
Sonhar com uma égua de boa aparência revela que sua esposa ou sua noiva são pessoas boas e agradecidas. Ver uma égua fraca e adoentada é sinal de que uma mulher se meterá na sua vida e lhe causará sérios desgostos. Se der coices, é sinal de falatórios e traições. Sonhar com várias éguas revela satisfações na juventude, ainda que a velhice será triste e desolada.

- **ELEFANTE**
Sonhar com um elefante prediz uma enfermidade grave. Se estiver montado nele, é indício de esforços e trabalhos com os quais alcançará fama e prestígio.

76 | Os Sonhos de A a Z e suas Interpretações

- **ELETRICIDADE**
Este sonho significa um amor que lhe causará adversidade. Cuidado.

- **ELEVADOR**
Se estiver cheio, significa que seus negócios irão bem. Se subir, sua situação mudará favoravelmente. Se descer e, também, estiver vazio, augura decepções e perdas de dinheiro.

- **EMBAIXADOR**
Se for você quem ocupa este cargo, realizará uma viagem. Vê-lo significa que assistirá a uma festa agradável entre amigos.

- **EMBALAGEM**
É um signo de bom augúrio para seu trabalho ou negócio.

- **EMBALSAMAR**
Sonhar com embalsamamentos prediz uma enfermidade longa e penosa.

- **EMBARCAÇÃO**
Se ela desliza por águas pacíficas, indica êxito no seu trabalho. Se as águas estiverem agitadas é um sinal de desgosto e discórdias.

- **EMBARGO**
Se sonhar com um embargo e estiver ameaçado por ele, procure pagar logo suas dívidas para não responder por desagradáveis processos judiciais.

- **EMBOSCADA**
A pessoa que sonha que cai numa emboscada deverá tomar precauções a respeito de seus bens.

- **EMPENHO (PENHOR)**
Se por sua situação recorre a uma casa de penhores com alguns dos seus pertences, procure retificar seu modo de ser e agir, já que este sonho demonstra que não é uma pessoa ajuizada e precavida e que com o passar do tempo acabará na miséria.

• EMPREGO
Sonhar que está buscando emprego é um indício que irá padecer de dores. No caso de consegui-lo, terá que enfrentar diversos obstáculos. Entretanto, se o perde, obterá ganhos.

• EMPURRAR
Sonhar que alguém o empurra é uma advertência de que um amigo pode prejudicá-lo. Se for você quem empurra outra pessoa, procure retificar seu caráter ou se arrependerá.

• ENCONTRO
Se for amoroso, é um sinal de prazeres, ainda que com muitos perigos.

• ENFERMEIRA
Indício grato de saúde e bem-estar.

• ENFERMO
Se for você o enfermo, este sonho é um sinal de dor, tristezas e traições. Visitar um amigo prostrado no leito devido à enfermidade augura gratas satisfações familiares.

• ENFORCADO
Se for você o enforcado, terá satisfações amorosas. Se se trata de outra pessoa, receberá satisfações em forma de melhora de sua posição atual.

• ENGRAXATE
Se no sonho é você o engraxate, augura bem-estar e ganhos.

• ENTERRO
Assistir a um enterro augura o próximo casamento de um parente ou grande amigo. Sonhar que é você mesmo que está sendo enterrado, estando, todavia, vivo, é prognóstico de uma terrível desgraça.

• ENVELOPE
Se sonhar com um envelope, logo receberá honras, alegrias e felicidade sem fim.

78 | Os Sonhos de A a Z e suas Interpretações

- **ENXAQUECA**
Sonhar que está com enxaqueca augura aflições e uma enfermidade leve.

- **ENXOFRE**
Sonhar com enxofre é uma advertência de que cairá em tentação por amores proibidos. Portanto, evite cometer tal ação, pois ela lhe trará grandes contrariedades e desgraças. Seja forte e não o faça.

- **ERMIDA (CAPELA)**
Prediz a inesperada traição de uma pessoa a quem considera um dos seus melhores amigos.

- **ERMO**
Sonhar com um lugar ermo, sem árvores nem água, augura tristezas e má situação.

- **ERVILHAS**
Se simplesmente sonha que as compra, é um bom sinal e significa que logo realizará uma das suas mais almejadas ilusões. Entretanto, se sonhar que as come, está advertindo-o de graves problemas.

- **ESCADA**
Sinal de melhoras no seu trabalho ou negócio. Subir por ela também sinaliza bem-estar na sua situação atual. Descer indica que deverá cuidar da sua saúde.

- **ESCAMAS**
Sonhar com escamas de peixe denota falsa prosperidade e míngua das suas ilusões.

- **ESCARAPELO**
Se não retifica a sua conduta e modo de ser, sua vaidade torpe o levará a muitos prejuízos.

E | 79

- **ESCARAVELHO**
É um bom auguro, já que indica melhoras na sua vida como recompensa a gentilezas e favores prestados entre suas amizades.

- **ESCARRADEIRA**
Se sonhar com uma escarradeira, logo terá a satisfação de reatar uma velha amizade.

- **ESCAVAÇÃO**
Sonhar que cai numa escavação significa que alguém pode enganá-lo. Se a salta, pressagia um grave perigo iminente. Estar fazendo uma escavação é augúrio de bens de fortuna. Cobri-la de terra prediz perdas no trabalho e no negócio.

- **ESCORPIÃO**
Sonhar com um escorpião é augúrio de inquietação e angústia. Não obstante, se o mata, sua situação financeira melhorará notavelmente, por loteria, herança ou presente inesperado.

- **ESCOVA**
Indica que perderá boas oportunidades de melhora no seu trabalho.

- **ESCRAVO**
Sonhar que é um escravo indica o feliz anúncio de próximas e valiosas relações com pessoas que terão de ajudá-lo.

- **ESCREVER**
Se sonhar que escreve um livro sentirá uma apatia inexplicável, a qual, com esforço, vencerá. Se o que escreve são cartas, terá proximamente notícias agradáveis.

- **ESCRITOR**
Significa fracasso nos negócios e perda de dinheiro. Sonhar que é você o escritor é indício de miséria, vaidade e esperanças vãs.

80 | Os Sonhos de A a Z e suas Interpretações

- **ESCUDO**
  É um sonho ruim, pois indica ameaça de citação judicial próxima.

- **ESCULPIR**
  O ato de esculpir augura pobreza e contrariedades. Se no sonho esculpe outra pessoa, indica desprezo por parte dos amigos.

- **ESCURIDÃO**
  Ver-se em trevas, sem poder distinguir nada, augura certas contrariedades em sua vida; se através dessa escuridão vislumbra um raio de luz, deverá interpretar como uma vitória sobre os inconvenientes, ainda que com perseverança e trabalho.

- **ESMERALDA**
  Sonhar com esmeraldas é augúrio de boa saúde.

- **ESMOLA**
  Sonhar que a dá significa sorte; recebê-la, desgraça, até o ponto, inclusive, de chegar a perder a ocupação que tem.

- **ESPADA**
  Empunhá-la é sinal de êxito e prosperidade nos seus negócios. Se simplesmente sonha com ela lhe sobrevirá um grande desgosto. Se outra pessoa o fere com uma espada, indica conflitos morais.

- **ESPELHO**
  Tanto sonhar com um espelho como ver-se nele sinaliza falsidade e traição por parte de parentes ou amigos.

- **ESPIGA DE MILHO**
  Quando tem um sonho agradável, cheio de promessas e bem-estar e nele aparece uma espiga de milho, sua sorte será efêmera.

- **ESPINAFRES**
  Símbolo de saúde; comê-los o é sinal de bem-estar doméstico. Não obstante, limpá-los indica uma enfermidade.

- **ESPINHOS**
Sonhar com espinhos é um dos sonhos mais desagradáveis. Auguram falatórios que podem prejudicá-lo. Ao mesmo tempo é uma ameaça de perda do emprego, da saúde e dos negócios. Não obstante, deverá se revestir de vontade e de fortaleza para sair triunfante dessas previsões.

- **ESPIRRO**
Espirrar em sonho é um sinal de inteligência e de longa vida.

- **ESPONJA**
Se alguém sonha com esponjas, deverá retificar seu procedimento atual no que se refere a sua avareza, já que pode acarretar-lhe consequências funestas.

- **ESPORA**
Sonhar com esporas avisa-nos de que temos de procurar não ser tão negligentes em nossos assuntos, já que isso será motivo de muitas dificuldades.

- **ESPOSA**
Ver a esposa em sonhos significa paz, descanso e uma doce vida.

- **ESPUMA**
Este sonho indica que, com sua constância e esforço, logrará que se concretizem seus desejos e sonhos para obter o ansiado "sim" da pessoa a quem ama.

- **ESQUELETO**
Sonhar com um esqueleto é um indício de longa vida para você. Nunca deve temer a morte, pois a morte é vida.

- **ESTÁBULO**
Sonhar com ele é um símbolo de opulência e de um matrimônio próximo.

82 | Os Sonhos de A a Z e suas Interpretações

- **ESTAMPA**
Sonhar com estampas bonitas e bem desenhadas ou gravadas é augúrio de aflições e penas. Se são desagradáveis e mal feitas, indicam prazeres e alegrias.

- **ESTANDARTE**
Levá-lo significa ganhos e honras.

- **ESTANQUE**
Como em todos os sonhos em que se vê água, se for clara, receberá agasalho de bons amigos. Se for turva, sofrerá enganos e contrariedades.

- **ESTÁTUA**
Se a estátua representa uma bela mulher, simboliza felicidade e prazeres. Se for de um homem, trará desgraça e pesadelo. Se alguma delas fala, avisa-o de que deve se recordar dos seres queridos ausentes.

- **ESTEIRA**
Se for uma pessoa pobre que sonha que está dormindo sobre uma humilde esteira, sua vida melhorará notavelmente e adquirirá um grande bem-estar. Se quem sonha é uma pessoa rica, é augúrio de perda de dinheiro.

- **ESTERCO**
Sonhar com esterco é um sinal de abundância, tanto na saúde como no dinheiro.

- **ESTILETE**
Se sonhar com um estilete receberá gratas notícias de pessoas ausentes há muito tempo.

- **ESTOJO**
Contemplar em sonhos um bonito estojo é augúrio de uma próxima conquista amorosa.

E | 83

- **ESTOLA (XALE)**
Sonhar que a veste é sinal de que logo lhe darão um bom presente.

- **ESTÔMAGO**
Doendo ou não, sonhar com ele indica que está desperdiçando seus bens e que deve ouvir os conselhos das pessoas que o guiam e tentam levá-lo para o bom caminho.

- **ESTRANGEIRO**
Sonhar que recebe uma pessoa estrangeira em casa simboliza paz e amor. A hospitalidade é como uma grata demonstração de amor e de paz entre os humanos.

- **ESTREITEZA**
Roupas e acessórios estreitos significam carência de recursos e de dinheiro para remediar sua precária situação. Mas nunca desanime, pois com trabalho e disciplina seguramente melhorará seu estado atual.

- **ESTRELAS**
Ver resplandecer as estrelas no firmamento é um indício de felicidade, prosperidade, amor, saúde e o quanto bom e belo possa desejar o homem. Luzir sobre a testa pressagia êxito, viagens agradáveis e notícias que nos encherão de alegria.

- **ESTRIBOS**
Sonhar com eles indica notícias boas e prazerosas.

- **ESTUDANTE**
Receberá uma notícia infeliz de um ser querido.

- **ESTUFA**
Se sonhar com uma estufa, prepare-se para desembolsar dinheiro com alguns gastos inesperados.

84 | Os Sonhos de A a Z e suas Interpretações

- **EXAME**
Sonhar que faz um exame significa que lhe sobrevirão trabalhos inesperados, mas seu labor será recompensado com riqueza.

- **EXCREMENTO**
Nos sonhos, tudo que pareça maldade, ruindade, porcaria, sofrimento, dificuldade e desgosto é augúrio de coisas boas, sucessos e situações de gratas premonições; sonhar com excrementos indica prosperidade, êxito, dinheiro, honras, doces amores, firmes amizades e tudo quanto de bom alguém possa desejar e apetecer.

- **EXECUÇÃO**
Ver executar um réu augura-nos a ajuda de pessoas que nos apreciam.

- **EXÉQUIAS**
Sonhar com exéquias é sinal de fortuna, por herança ou por um matrimônio vantajoso.

- **EXÉRCITO**
Se o exército que vê em seus sonhos demonstra ordem e disciplina, poderá contar com boas amizades. Se se vê fugindo e sendo derrotado, pode ser que sofra uma afronta, que deve perdoar para evitar males maiores.

- **EXÍLIO**
Partir para o exílio, apesar da dor, significa êxito, sem importar os inconvenientes que possam apresentar-se. Não obstante, se alguém se expatria voluntariamente, talvez haverá de arrepender-se.

- **EXPOSIÇÃO**
Se a exposição é de obras de arte, infundirá alegria em nosso coração. Outras exposições menos gratas são augúrio de morte para algum familiar ou amigo.

F

- **FÁBRICA**

Se uma pessoa sonha que é proprietária de uma fábrica, é um anúncio de que receberá benefícios.

- **FACA**

Este utensílio indica que terá desgosto com familiares. Se dela faz mal uso e causa algum ferimento em outra pessoa, logo mudará de emprego, o que será motivo de contrariedades. Se se fere com uma faca, é sinal de uma desafortunada escolha com quem tenha prometido casar-se, ou de desavenças com seu cônjuge.

- **FACHADA**

Sonhar com a fachada de um edifício belo ou moderno indica que as suas ilusões e os seus desejos não tardarão em se concretizar. Se a fachada é de algum edifício religioso, receberá notícias de que um familiar ou amigo que estava enfermo já está melhor.

- **FADA**

Sonhar com uma fada anuncia que conhecerá uma mulher de quem deve afastar-se se não quiser complicar sua vida.

- **FADIGA**

Se sonhar que está muito fatigado logo terá uma justa recompensa pela sua dedicação e trabalho.

- **FAISÃO**

Este sonho anuncia-lhe honras e boa saúde.

86 | Os Sonhos de A a Z e suas Interpretações

- **FAIXA**
Se for você quem a usa, é um sinal de que terá de proteger-se contra falatórios que podem prejudicá-lo, assim como de uma enfermidade de caráter maligna.

- **FALAR**
Sonhar que ouvimos nós mesmos é um sinal de calúnias. Falar com pessoas que não conhecemos augura inconvenientes familiares. Se falarmos com um amigo, sofreremos ligeiras contrariedades.

- **FAMÍLIA**
Sonhar com toda a família reunida vaticina bem-estar e estabilidade material.

- **FANTASMA**
É de bom augúrio sonhar com um fantasma que usa uma túnica branca, pois representa saúde e alegria. Se sua túnica é negra, te ameaçarão contrariedades e traições.

- **FARDO**
Carregar um fardo augura penosos trabalhos.

- **FARINHA**
Sonhar com farinha é um sinal de abundância.

- **FARMÁCIA**
Uma farmácia ou um farmacêutico indica que saberá de uma boda por interesse de alguma pessoa amiga.

- **FAROL**
Se o contempla à distância, proteja-se dos seus inimigos. Se estiver dentro dele, indica que é uma boa oportunidade para empreender qualquer empresa ou negócio.

- **FARRAPOS**
Estar coberto de farrapos é indício de que se acabam suas penas e os tormentos. Se vir outra pessoa esfarrapada receberá a ajuda de um desconhecido.

- **FAVAS**
Sonhar com favas, no geral, é de mau augúrio, já que é um sinal de disputas, rinhas, pleitos, dívidas, enfermidades e graves complicações em nossa vida.

- **FAVOR**
Sonhar que solicita um favor de uma pessoa pedinte e dissimulada é um signo de fracasso. Se pretender favores de uma mulher formosa, receberá desprezo, recebê-los de uma amante lhe trará uma íntima alegria ainda que de curta duração.

- **FAXINEIRA**
Sonhar com uma faxineira ou uma pessoa que o sirva augura contrariedades e privações.

- **FAZENDA**
Sonhar com fazenda ou um rancho com terras bem cultivadas é um sinal de que a sorte o favorecerá em seus trabalhos. Se a fazenda estiver sem cultivo e abandonada, terá pena e desalentos.

- **FEBRE**
Se a pessoa sonha que tem febre é um indício de penas e dissabores.

- **FECHADURA**
Tenha cuidado para que não o roubem.

- **FEIRA**
Estar numa feira é um augúrio de necessidades, incompreensões e problemas familiares.

88 | Os Sonhos de A a Z e suas Interpretações

- **FEL**
Sonhar que se derrama pelo seu corpo prognostica dificuldades com empregados, serventes e quantas pessoas dependam de você, ou, também, desavenças familiares.

- **FENO**
Se for fresco e bonito é um sinal certeiro de triunfos, êxito e dinheiro. Se estiver murcho, sinaliza a perda de algo que estimava muito.

- **FERA**
Ver-se encurralado por animais selvagens significa que algum inimigo pode causar-lhe muito mal.

- **FERIDA**
Sonhar que fere alguém é um aviso de que deve esquecer os receios que tem com algum familiar ou amigo, pois essa pessoa o estima. Se for você quem está ferido, pressagia enfermidades e tristeza.

- **FERRADURA**
Encontrar uma ferradura indica que criará uma nova amizade. Sonhar com ela significa que receberá a visita de um amigo que virá devolver-lhe os favores que lhe prestou anos anteriores. Também é o anúncio de uma viagem próxima e feliz.

- **FERREIRO**
É um sonho ruim se se vê um ferreiro trabalhando, pois augura penas e contrariedades.

- **FERRO**
Simboliza afeto familiar. Em grande quantidade, já manufaturado, prognostica uma melhora no seu trabalho ou negócios.

- **FESTA**
Sonhar que está numa festa oferecida por você é indício de falatórios e mal agradecimento. Se assistir a ela como convidado, terá uma alegria passageira.

F | 89

- **FICHA**
Se as fichas são das que se usam em alguns jogos, tanto você como sua família se verão envolvidos em mexericos e falatórios.

- **FÍGADO**
Sonhar com fígado e sentir algo é augúrio de má saúde. Se se trata do fígado de algum animal prognostica bem-estar e satisfação.

- **FIGOS**
Sonhar com eles quando estão na época é um indício de amores sinceros e prosperidade, se não estiverem é sinal de inconveniências e penas. Se sonhar que os come, em pouco tempo fará uma viagem.

- **FILHO**
Se o filho for pequeno augura uma enfermidade. Se for maior sinaliza dificuldades, mas se sonhar que discute ou briga com ele sofrerá contrariedades em assuntos de dinheiro.

- **FIO**
Sonhar com fio augura geralmente desavenças ou intrigas. Se o fio estiver num carretel ou bobina, augura pobreza. Se estiver enrolado trará desgostos e dificuldades.

- **FIRMA**
Em algum documento é um mau agouro em assuntos do seu trabalho.

- **FÍSTULA**
Se sonhar que tem uma fístula não tradará em receber visitas desagradáveis, às quais terá que atender.

- **FLAUTA**
Significa um fracasso em questões de pleito.

- **FLECHA**
Indica, em geral, chegada de desgosto, contratempos e adversidade.

90 | Os Sonhos de A a Z e suas Interpretações

- **FLOREIRA**
Se sonhar com uma floreira cheia de flores receberá gratas notícias de familiares. Se estiver vazia ou com flores murchas, as notícias não serão muito agradáveis.

- **FLORES**
Vê-las belas e viçosas é um sinal de próximos amores. Se estiverem emurchecidas, desenganos por amores frustrados. Se forem de papel, plástico ou cera, a decepção amorosa será muito mais desagradável. Cortadas, são indícios de triunfos sentimentais que lhe proporcionarão grande felicidade e, se as cheira, será o anúncio de que logo receberá notícias.

- **FLORISTA**
Se for você a florista, proteja-se de alguma pessoa que trata de desprestigiá-la. Se sonhar com uma vendedora de flores receberá más notícias.

- **FLUXO**
Se o fluxo for de sangue, prediz advertência de prosperidade e riqueza. Se for de ventre, dificuldade no seu trabalho ou negócios.

- **FOCA**
Ainda que este sonho indique que algum dos nossos melhores amigos pode se meter no que não importa, não deveremos desconfiar dele.

- **FOGO**
Se o fogo com que sonha é o doce fogo do lar, em cujo calor se reúne a família, denota felicidade e bem-estar para todos. Se for destruidor, supõe um sinal de violência, contrariedade e dissabores. Os fogos artificiais simbolizam diversões domésticas.

- **FOGUEIRA**
Ver uma fogueira adverte-o de que deve controlar sua vida para evitar situações que possam resultar irreparáveis.

F | 91

- **FOICE**
Sonhar com uma foice é de mau augúrio, salvo se ela estiver gasta ou sem fio, pois, em caso de algum enfermo em casa, ele sarará rapidamente. Também é um aviso de que deve considerar sua situação com respeito ao seu bem-estar, adquirido por ganhos pouco esclarecidos.

- **FOLE**
Sonhar que vê ou usa um fole para avivar, suponhamos, um fogo significa que haverá uma ameaça de calúnias e maledicência.

- **FOLHAS**
Sonhar que as vê brotar da árvore significa a próxima chegada de um novo ser a este mundo, alegria e felicidade; mas, se as folhas estão murchas, devemos cuidar da nossa saúde.

- **FOME**
Sonhar que tem fome é um sinal de bem-estar e de boa saúde, assim como de triunfo nos negócios.

- **FONTE**
Se da fonte emana água e é clara, sinal de felicidade e alegria. Se a água é turva, tudo ao contrário.

- **FORCA**
Sonhar com uma forca é um dos sonhos mais felizes. Se for você o enforcado, aumentará sua fortuna. Se se trata de um amigo, ele lhe prestará uma grande ajuda. Caso seja um familiar, significa prosperidade nos negócios.

- **FORJAR**
Forjar uma lâmina ao vermelho vivo augura desgostos e contrariedades.

- **FORMA**
Ver formas para sapatos augura-lhe pesadelos ao receber notícias de luto que alterarão seu ânimo.

92 | Os Sonhos de A a Z e suas Interpretações

- **FORMIGAS**
Este sonho é um símbolo de abundância. Suas ideias e seus projetos merecerão o apoio de familiares e amigos e com eles triunfará. Não relaxe na execução dos seus trabalhos.

- **FORNECEDOR**
Este sonho augura amores sinceros e nobres. Chegará sem tardar uma época feliz de tranquilidade para seu espírito.

- **FORNO**
Se o forno estiver aceso, indica bem-estar e comodidade; apagado, é um signo de mal-estar e pesadelo.

- **FORRAGEM**
É um bom sonho que augura riqueza e amizade.

- **FORTALEZA**
Sonhar com uma fortaleza prepara-nos para ter resistência e uma vontade firme, na hora de vencer qualquer obstáculo.

- **FORTUNA**
Augura graves perigos e contrariedades.

- **FÓSFORO**
Indica que devemos estar preparados para uma agradável reconciliação com uma pessoa da qual estávamos afastados devido aos falatórios.

- **FOSSO**
Sonhar que pula um fosso ou uma escavação indica-nos que nos salvaremos de um grave perigo.

F | 93

- **FOTOGRAFIA**
Ver o retrato de uma mulher bonita augura acontecimentos positivos que nos trarão benefícios espirituais e materiais. Se for de um amigo, devemos vê-lo depois de não nos termos visto por muito tempo. Se se vê fotografado, terá uma vida longa e feliz. Sonhar que lhe oferecem uma fotografia de outra pessoa augura desenganos e traições por parte dos amigos.

- **FRAMBOESA**
Sonhar com esta fruta é um signo de sorte.

- **FRANGO**
Sonhar com um frango branco prediz a próxima vinda de um filho ou de parentes achegados. Se estiver fraco, indica que sua vida continuará como está. Ver muitos frangos reunidos é sinal de que haverá murmúrios sobre você.

- **FRASCO**
Adverte-o de que deve se portar com seriedade numa festa, procurando não beber demais para evitar inconvenientes.

- **FREIO**
Se for de um cavalo, será sinal de contínuas discussões com a esposa. Se se trata de freios de automóvel, indica que deve ser prudente e comedido nos seus atos.

- **FRIGIDEIRA**
Sinal de reconciliação com alguém estimado. Se for casado, deve procurar retificar seu modo de proceder, usando de precaução para evitar graves dificuldades com seu consorte.

- **FRIGIR**
Se sonhar que está frigindo ou vendo frigir algum alimento cuide das mulheres que possam complicar-lhe a vida. Se estiver comendo o que fritou, trate de cuidar dos seus bens.

94 | Os Sonhos de A a Z e suas Interpretações

- **FRIO**
Se no seu sonho sente muito frio, conhecerá uma mulher com quem entreterá uma boa amizade que pode chegar a converter-se num laço de matrimônio. Se o frio não for muito intenso, ficará numa simples amizade, ainda que cheia de afeto.

- **FRONTE**
Uma fronte alta indica que é uma pessoa boa. Se a testa for estreita, deverá conter seus maus desejos ou intenções.

- **FRUTA**
Vê-la, colhê-la ou comê-la é sinal de prazeres simples e pequenos êxitos.

- **FRUTARIA**
Sonhar que é o dono e seu estabelecimento está bem provido de frutas anuncia prosperidade e lucros. Se seu estabelecimento esttver vazio, sem mercadoria, augura estreitezas e limitações de dinheiro.

- **FUGA**
Sonhar que se evade de um cárcere é um aviso de que trate de escapar na sua vida real, dos peremptórios compromissos ou responsabilidades que tenha. Deve fazer frente a seus problemas com toda valentia, sem buscar desculpas nem falsas soluções. Pode vencê-los com ânimo e valor.

- **FULIGEM**
Ver-se sujo de fuligem é um feliz augúrio de bem-estar.

- **FUMAR**
Se no sonho é você quem fuma é um sinal de perigo. Fumar um charuto puro em vez de um cigarro indica uma reconciliação com um familiar ou um amigo de quem estava separado. Fumar cachimbo é augúrio de longa enfermidade.

- **FUMO**
Vê-lo sair indica falso bem-estar. As ilusões ou as promessas que lhe tenham feito se desvanecerão como o verdadeiro fumo.

- **FUNDA**
Término feliz de um assunto que o tem preocupado.

- **FUNDIÇÃO**
Sinal de progresso e opulência, sempre que trabalhe com esforço e dedicação.

- **FUNIL**
Vigie seu negócio ou interesse, já que está exposto a alguns dos seus empregados ou servidores o roubar.

- **FURACÃO**
Se estiver no meio de um terrível furacão, não tardará em encontrar-se em graves dificuldades com a família.

- **FUZIL**
Se sonhar que dispara lhe ocorrerá desgosto.

- **FUZILAMENTO**
Se vir fuzilar alguém, logo chegarão aos seus ouvidos notícias de algum caso ou sucesso haverá de mortificá-lo. Se sonhar que o fuzilam receberá a má notícia que esperava.

G

- **GADO**
Se a pessoa que cuida do gado é pobre significa que receberá alegrias e benefícios; se quem o guarda é uma pessoa rica, é um sinal de desavenças.

- **GAFANHOTOS**
Ver uma invasão de gafanhotos augura perdas, contrariedades e enfermidades de uma pessoa próxima.

- **GAIOLA**
Uma gaiola sem pássaros, ou com um que não cante, é sinal de intervenções policiais e problemas judiciais. Se a ave canta alegremente, sairá de um grave aperto ou situação. Abrir a gaiola o trará sorte conjugal e entre familiares.

- **GAITA**
Sonhar que alguém toca gaita é sinal de má notícia, que mais tarde redundará em inesperados benefícios.

- **GAIVOTA**
Este sonho anuncia que sairá das suas agonias e fará uma viagem feliz.

- **GALÃO**
Se se trata de um galão que serve para adorno, quer dizer que deverá retificar seu caráter se não quiser ser desprezado.

- **GALEOTE**
Este sonho indica que deverá ter valor e presença de ânimo num assunto difícil que pode ser apresentado a você. Sonhar que o galeote se evade da galera anuncia desavenças familiares.

- **GALERA**
Não tardará em receber um grande favor.

- **GALINHA**
Se cacarejar é um sinal de desgostos familiares; se põe ovos, receberá benefícios; se estiver rodeada dos seus pintinhos, terá perdas. Se sonhar que come sua carne logo lhe pagarão uma dívida.

- **GALINHEIRO**
Sonhar que o galinheiro está vazio vaticina misérias, mas se está cheio de galinhas é indício de êxito.

- **GALO**
O canto do galo é prognóstico de triunfos. Se sonharmos que o comemos, não tardaremos em sair de nossos problemas.

- **GALOPAR**
Se o cavalo em que galopa é branco, terá satisfações. Se for de cor negra, vencerá um perigo que o cerca.

- **GAMO**
Matar um gamo é signo de êxito. Vê-lo correndo pelo bosque augura uma vida feliz e aprazível.

- **GANGRENA**
Se sonhar que é você mesmo quem sofre com este terrível mal procure tomar medidas para que evite voltar a padecer de uma velha enfermidade que já considerava curada. Se for outra pessoa que tem gangrena, indica perda de amizades.

98 | Os Sonhos de A a Z e suas Interpretações

- **GANSO**
Se vir no sonho um ou vários gansos é sinal de felicidade doméstica. Entretanto, se os ouve grasnar, indica dificuldades. Também é sinal de pleitos familiares.

- **GARÇA**
Sonhar com garças é um sinal de perigo de roubo. Se, por desgraça, perdeu um objeto valioso, fracassará na sua busca.

- **GARGANTA**
Este sonho pode significar que a garganta está padecendo pelo verdadeiro mal-estar que sente na mente.

- **GARRAFA**
Sonhar com uma garrafa cheia significa alegria; se estiver vazia ou quebrada augura desgraças.

- **GARRAS**
Sonhar com as garras de algum animal lhe portará atenções da parte de companheiros e amigos.

- **GÁS**
Se numa estufa o gás estiver aceso, são bons augúrios Se estiver apagado, indica dissabores. Se tiver um escape e explodir, é sinal de perigo próximo.

- **GASOLINA**
Este sonho traz tristeza, já que temos o desejo e não o lograremos, e se se trata de um problema, será difícil solucioná-lo.

- **GATO**
É um sonho de mau augúrio, já que vê-lo, ouvi-lo miar ou lutar contra ele anunciam que virão desenganos, traições, enfermidades e amarguras.

G | 99

- **GAVETA**

Se buscar algo na gaveta de uma mesa e ela se estiver vazia terá inconvenientes, ainda que passageiros.

- **GAVIÃO**

Vê-lo voar é um indício de que deverá proteger-se de algum inimigo que busca seu dinheiro e sua ruína.

- **GAZE**

Sonhar com gases ou ver-se envolto nelas significa que ressurgirá nosso modesto natural, que deveremos manter no transcurso da nossa vida.

- **GELADO**

Sonhar que toma gelados é presságio de uma grave enfermidade.

- **GELATINA**

Sonhar com gelatina é um mau augúrio para a sua saúde, em particular se sofre dos pulmões.

- **GELO**

Sonhar com gelo pressagia, para os camponeses que tenham este sonho, abundantes colheitas e boa fortuna. Se se trata de comerciantes significa maus negócios. Se for militar, terá desgostos e inimizades.

- **GEMA**

Se em sonhos está comendo uma gema de ovo é sinal de contrariedades, a menos que mude seu atual modo de vida. Se a gema se estende, anuncia êxito no trabalho, negócios estudos.

- **GÊMEOS**

Se se trata de filhos, é indício de fartura e abundância.

100 | Os Sonhos de A a Z e suas Interpretações

- **GENITAIS**
Se quem sonha com eles os tem sãos, é um sinal de boa saúde. Se estiverem enfermos, significa tudo ao contrário. Se se estiverem maiores que o normal, é um sinal de fortalezavSe um homem sonhar que tem o sexo oposto, é um sinal de que será difamado. Vê-los extirpar é um augúrio de pleitos com a justiça e de inimizades.

- **GENRO**
A pessoa que sonha com seu genro haverá de passar necessidades, a menos que tenha mais dedicação no trabalho ou nos negócios.

- **GENTE**
Sonhar com gente indica que o convidarão a uma boda.

- **GERÂNIOS**
Se sonhar com eles deverá cuidar para que uma pessoa querida siga no melhor caminho, já que, se não retifica seu modo de ser, poderá trazer-lhe muitas contrariedades.

- **GESSO**
Esse sonho é augúrio de notícias de familiares ausentes, que não serão, por desgraça, muito promissoras.

- **GIESTA**
Significa que receberá uma notícia que, no momento, haverá de dar uma grande alegria, apesar de mais tarde ocasionar dissabores e desgosto.

- **GIGANTE**
Sonhar com gigantes e monstros é um signo favorável.

- **GINÁSTICA**
Se uma mulher sonha que está fazendo ginástica, augura-lhe felicidade no seu matrimônio. Sonhar com jovens que se dedicam à prática de exercício físico é um símbolo de alegria, saúde e bem-estar.

- **GINETE**
Ver um ginete indica prejuízos que poderão ser muito maiores, se no seu sonho o ginete cai do cavalo.

- **GIRAFA**
Receberá uma notícia favorável de um familiar ou amigo.

- **GLADÍOLOS**
Sonha com gladíolos é sinal de que receberá a proteção de uma pessoa que muito o estima.

- **GLOBO**
Se o globo é aerostático reprima de momento os seus ímpetos de grandeza. Se for de cristal, lhe trará desenganos amorosos.

- **GLÓRIA**
Sonhar com a glória não é motivo para esperar prosperidade, mas sim pode significar êxito pessoal devido ao nosso comportamento e esforços.

- **GOLPES**
Se leva golpes é um sinal de contrariedades, ainda que leves.

- **GÔNDOLA**
Infausto sonho, já que indica que assistirá ao enterro de uma pessoa querida.

- **GORRO**
Se o usa, significa que haverá dificuldades familiares. Se for você mesmo quem o faz, é augúrio de êxito nos negócios.

- **GOTAS**
Se as gotas são de água e brilhantes é um bom sinal, poisão indício de prestígio e crescimento dos seus negócios. Se se trata da enfermidade da gota e é você quem a sofre, ameaça-o um grave perigo.

102 | Os Sonhos de A a Z e suas Interpretações

- **GRADE**
Se a grade com que sonha for de madeira, será anúncio seguro de dinheiro. Se for de ferro, terá obstáculos que superará com seu comportamento. Se estiver atrás de grades, logo será livre, seja do cárcere, seja da escravidão de uma pessoa que não é do seu agrado e de quem deseja emancipar-se.

- **GRANADEIRO**
Seu valor e sua presença de ânimo logo haverão de pô-lo à prova num assunto de que sairá triunfante.

- **GRANIZO**
Augúrio de más notícias. Se cai no campo, é indício de necessidades e péssimos negócios.

- **GRANJA**
Este sonho é sinal de felicidade para a pessoa que entra nela; se habita, terá prosperidade no seu negócio ou trabalho.

- **GRANJEIRO**
Ser granjeiro ou dialogar com alguém que seja é prognóstico de bem-estar na casa e melhoria na saúde.

- **GRÃO**
Os grãos de trigo simbolizam alegria e abundância; se são de arroz, prognosticam uma magnífica saúde; se são de uva, terá que impor seu amor e autoridade sobre um membro da sua família dominado pela embriaguez. Se se trata de grãos na pele, procure ser mais comedido e não cometer imprudências nem excessos.

- **GRÃOS-DE-BICO**
Se for você quem os come, é augúrio de rinhas e desavenças entre seres queridos.

- **GRATIFICAÇÃO**
Se sonhar que é quem a recebe, anuncia-lhe que deve ser mais liberal e caritativo em suas obras.

GRAVATA
Sonhar que está pondo uma anuncia-lhe uma enfermidade. Tenha cuidado com os resfriados.

GRAVETO SECO
Sonhar com um graveto seco significa que logo lhe comunicarão uma notícia desagradável.

GRAVIDEZ
Sonhar com uma mulher grávida é sinal de penas e contrariedades. Mas, se for sua esposa, amiga ou parente, as penas serão para ela.

GRAXA
Sonhar com graxa ou substâncias gordurentas é um sinal de que deve procurar comportar-se no seu modo de proceder e não ambicionar ganhos ou riquezas ilegalmente, já que pode trazer-lhe muitos dissabores.

GRELHA
Este sonho adverte-o de que deve procurar cuidar-se a respeito de uma enfermidade gástrica.

GRETA
Se no seu sonho vê uma greta na terra ou na parede, encontrará trabalho ou dinheiro que irá melhorar sua situação atual.

GRILO
Ouvi-lo cantar dentro de casa é um sinal de alegria, mas se canta em pleno campo prediz maledicência.

GRIPE
Mau augúrio para quem sonha que tem gripe, já que prognostica penas e contrariedades.

GRITO
Em regra geral, sonhar que alguém grita ou ouve gritar indica desgraças, traições, perdas e falta de saúde tanto para si mesmo como para algum dos familiares.

104 | Os Sonhos de A a Z e suas Interpretações

- **GRUTA**
Sinaliza bem-estar e êxito, sempre que este sonho não o impressione e trate de separá-lo de sua família e amigos.

- **GUARDA-CHUVA**
Trazer um guarda-chuva ou cobrir-se com ele no seu sonho significa proteção e ajuda. Perdê-lo augura um feliz achado ou uma grata surpresa. Se por um golpe de vento o guarda-chuva virar, sofrerá uma ameaça de traição.

- **GUERRA**
A guerra augura honras e tranquilidade. Procure tomar precauções para evitar que alguém alheio à sua casa e ao seu trabalho se intrometa em seus assuntos.

- **GUILHOTINA**
Veja com cuidado e trate de evitar alguma contrariedade que possa sobrevir-lhe. Seja prudente.

- **GUIRLANDA**
Sonhar com guirlandas é um símbolo de festa e de uma boda próxima.

- **GUISADO**
Se vir ou comer um guisado é um sonho que lhe recorda do cumprimento das suas obrigações.

- **GUITARRA**
Se a toca sob a janela de uma mulher amada será correspondido em seus amores. Sonhar com um conjunto de guitarristas é um sinal de rápidas e breves notícias de um familiar ou amigo ausente da pátria.

H

- **HABITAÇÃO**
Se estivermos numa casa que não é a nossa, deveremos assumir todo tipo de preocupações, sem deixar-nos levar por outras pessoas nos negócios, aspirações e desejos que empreendemos, esperamos e ansiamos. Há de ser você que os resolva e triunfe.

- **HÁBITO**
Se o hábito que vestir for novo indica alívio dos seus males, caso esteja enfermo. Se for velho e andrajoso, significa uma melhora na sua situação atual.

- **HÉLICE**
É bom sinal sonhar com ela; se a vê girar, quanto mais rápido o faça, maior será sua felicidade e sorte.

- **HELIOTRÓPIO**
Se sonhar com esta delicada flor pode estar seguro que gozará de um doce amor que alegrará sua vida.

- **HEMORRAGIA**
Indica que deve ter muito cuidado com a saúde.

- **HERA**
Sonhar com uma hera é sinal de afeto e de amizades perduráveis. Ver a hera que cobre as cercas ou paredes significa que deve aproveitar os projetos que podem lhe oferecer um bom amigo. Se estiver seca, terá que vigiar seu negócio para evitar que seja vítima de uma estafa.

106 | Os Sonhos de A a Z e suas Interpretações

- **HERANÇA**
  Indica que ocorrerá perda de dinheiro e dificuldades, além de enganos por parte de amigos em cuja amizade confiava.

- **HIDROPISIA**
  Sinaliza graves doenças.

- **HIPÓDROMO**
  Se estiver nele, apostando ou não, pode ser um presságio de que está exposto a perder seu emprego devido à sua irresponsabilidade no trabalho, por falta de assistência ou por petições injustificadas.

- **HIPOTECA**
  Procure não arriscar seu dinheiro em nenhum negócio que lhe proponham.

- **HISSOPE**
  Sonhar com um hissope é um sinal de desgraça, trabalhos e penas.

- **HOMEM**
  Se estiver vestido de branco ou de cores claras, trata-se de um sinal de sorte; se veste-se de negro, alerta-nos sobre tristezas, falatórios e falsas notícias; moreno, indica vaidades; loiro pressagia amizade e ajuda.

- **HORA**
  Se você pergunta ou perguntam a você as horas terá problemas assegurados. Se as ouve tocar no relógio, acertará uma entrevista para um negócio.

- **HOSPÍCIO**
  Estar num um hospício augura satisfações entre familiares e amigos, assim como bem-estar no trabalho, onde logo conseguirá uma ascensão.

- **HOSPITAL**
Se for você mesmo que estiver no hospital, sua vida, digamos, não será muito feliz. Se for um amigo, terá ganhos e firmes amizades.

- **HÓSTIA**
Este sonho é um augúrio seguro de elevação e grandeza no seu trabalho.

- **HOTEL**
Não tardará em receber o firme apoio de uma pessoa relacionada com altos cargos.

I

- **IATE**
Viajar num iate quer dizer que sofre delírios de grandeza, os quais deve corrigir para ser mais modesto, se quiser trunfar na vida.

- **ÍCONES**
Se sonhar que adora ou venera um ícone (imagem pintada que representa a Virgens ou santos na Igreja Ortodoxa), tenha por certo que fará uma mudança em sua vida que melhorará seu ânimo, eliminando de sua mente o estado de depressão e desfalecimento em que atualmente está.

- **ICTERÍCIA**
Se for você mesmo quem a padece, é o anúncio seguro de um bem-estar muito próximo.

- **IDADE**
Sonhar com uma pessoa idosa indica ternura. Se confessa sua idade, é augúrio de uma nova e boa amizade. Se a oculta, perderá um dos seus maiores afetos.

- **IDIOMA**
Sonhar que fala um idioma estrangeiro, sem conhecê-lo, significa que é uma pessoa de grande cultura e irresistível virilidade.

- **ÍDOLO**
Adorar um ídolo não é um sonho de bom augúrio, já que devemos preparar-nos para receber desgostos e contrariedades.

I | 109

- **IGREJA**
Estar dentro dela significa triunfo nos seus negócios ou estudos. Se vê entrar pessoas para assistirem à missa, indica a próxima chegada de um familiar ou amigo querido.

- **ILHA**
Significa que em breve realizará uma viagem. Se a ilha estiver deserta, procure manter a amizade dos amigos que o rodeiam e que o estimam, pois este sonho adverte que não deve apartar-se deles.

- **ILUMINAÇÕES**
Simbolizam alegria e regozijo na família.

- **IMAGEM**
Sonhar com uma imagem prognostica prazeres familiares e firme amizade com os que nos rodeiam.

- **IMPERADOR**
Sonhar com um imperador ou falar com ele assinala preocupações e contrariedades

- **IMPERATRIZ**
Sonhar com uma imperatriz é um sinal de perda do emprego, reputação e dinheiro.

- **IMPRENSA**
Sinal de êxito no seu trabalho.

- **IMUNDÍCIE**
Ainda que não pareça grato sonhar com imundícies, auguram proveito, ganhos e felicidade.

- **INCÊNDIO**
Vê-lo significa inquietude e fracasso em assuntos amorosos. Se for na sua casa, levará à perda de dinheiro, mas, se consegue apagar o fogo, é uma grata mensagem que viria beneficiar sua situação atual.

110 | Os Sonhos de A a Z e suas Interpretações

- **INCENSO**
Se o vê fumegar, prognostica um amor firme que virá alegrar sua vida, mas tenha muito cuidado com pessoas aduladoras. Se no seu sonho vê ou usa um recipiente para queimar incenso ou outros perfumes significa que receia desgostos, prejuízos, por algo não muito correto que cometeu.

- **INCHAÇO**
Sonhar que está inchado e vê outra pessoa com o mesmo sintoma indica perda de saúde. Procure cuidar-se.

- **INDIGESTÃO**
Sonhar que sente indigestão avisa-o de que nas refeições.

- **INFERNO**
Estar nele é um aviso de que terá de melhorar sua conduta e seu procedimento com os que o rodeiam.

- **INFIDELIDADE**
Sonhar que é infiel, tanto a sua esposa como a alguma das suas boa amizade, significa boa saúde e fortuna, mas deverá comportar-se com amor e amizade com os que o reodeiam, se não quiser encontrar sua fortuna com alguma mulher ruim.

- **INIMIGO**
Sonhar com um inimigo é augúrio de penas, deverá controlar suas amizades.

- **INJÚRIA**
Se sonhar que é objeto de uma injúria receberá atenções e favores por parte de seus amigos.

- **INJUSTIÇA**
Se for você mesmo quem comete uma injustiça prejudicará uma pessoa amiga, o que deve evitar para não se arrepender. Se for outra pessoa que a comete contra você, vigie seus interesses, ou sofrerá quebras e perdas.

- **INSETO**
Sonhar com qualquer tipo de insetos é um aviso de que alguns dos seus amigos, abusando de sua bondade, o incomodarão com favores e dinheiro; portanto, deve procurar não ser tão dadivoso.

- **INSIPIDEZ**
Esse sonho indica que uma desgraça, afortunadamente, não tardará em transformar-se em alegria.

- **INSOLÊNCIA**
Se sonhar que é insolente com alguém, não tardará em receber ofensas da parte quem não esperava.

- **INSONE**
Sonhar que sofre de insônia (algo contraditório, já que se o sofresse não podia sonhar) tem o significado de que alguma pessoa te engana – sua esposa, sua noiva, seu melhor amigo, o que deverá vigiar, tentando evitar que o engano chegue a ter maiores consequências.

- **INSTRUMENTOS**
Se os instrumentos que toca ou ouve são musicais, auguram alegrias, saúde e bem-estar.

- **INTESTINOS**
Este sonho significa que terá dificuldades domésticas, afastamento de amizades ou ruptura amorosa.

- **INUNDAÇÃO**
Ver ou estar numa inundação é prognóstico de abundância de bens. Se a sua casa está inundada por haver deixado abertas as torneiras, seu bem-estar ou fortuna se verão ameaçados.

- **INVÁLIDO**
Sonhar com uma pessoa inválida é sinal de uma velhice aprazível e serena.

112 | Os Sonhos de A a Z e suas Interpretações

- **INVERNO**
Se sonhar que vive num inverno muito frio, procure cuidar da sua saúde. Se ao sonhar com o inverno nota que o frio não o afeta, apesar de estar na neve, não se esqueça de vigiar seus negócios.

- **IRMÃO**
Sonhar com um irmão simboliza alegria. A fraternidade cordial e desinteressada é sinal de amor, compreensão e apoio.

J

- **JACINTO**
Esta flor simboliza amizade. Não obstante, procuremos escolher bem nossos amigos para evitar posteriores dificuldades com eles.

- **JANELA**
Ver uma janela fechada significa que surgirão muitos obstáculos, nos estudos, trabalho ou negócios. Se estiver aberta é um sinal de proteção por parte de pessoas importantes e ricas. Sonhar que se lança pela janela quer dizer que, se iniciamos um pleito, sairemos mal aparados dele.

- **JARDIM**
Passear por um jardim augura bem-estar e alegria, assim como êxito nos negócios. Cultivá-lo lhe trará um aumento de fortuna.

- **JARDINEIRO**
Se sonhar com um jardineiro ganhará na loteria; se tem dinheiro investido em ações, este aumentará notavelmente.

- **JARRO**
Se sonhar com um jarro com flores, logo receberá agradáveis notícias de algum familiar.

- **JASMIM**
Sonhar com esta flor significa amor e fidelidade entre pessoas que se queiram. Também é augúrio de boas amizades.

114 | Os Sonhos de A a Z e suas Interpretações

- **JAVALI**
Sonhar com um javali significa que será perseguido e acossado por seus inimigos. Anuncia-lhe que sairá triunfante das adversidades.

- **JOELHOS**
Sofrer dor nos joelhos pressagia um inesperado desgosto ou contrariedade. Andar de joelhos, cumprindo uma promessa, tampouco é um sonho grato, já que pressagia muitos dissabores.

- **JOGO**
Pressagia um matrimônio feliz, com saúde e bem-estar doméstico, sempre que entre os cônjuges não se cometam infidelidades. Se praticando qualquer jogo de azar sonhar que ganhou, perderá amigos queridos. Se perder, voltará de novo a paz e a tranquilidade, aliviando suas dores e aflições. Se for de jogos de crianças, significa bem-estar, saúde e confraternidade familiar.

- **JOGUETES**
Se sonhar com joguetes deverá ter cuidado com seu modo de proceder, já que, se comete alguma travessura, terá que se arrepender.

- **JOIAS**
Se for você mesmo quem as possui, procure guardá-las e não vendê-las. Sonhar que as vê é indício de um negócio ou trabalho que lhe trará bons lucros.

- **JORNAL**
Ler um jornal sinaliza críticas e engano. Se escrever nele, terá uma maré de sorte que deve procurar manter para que perdure. Se no sonho vê montões de jornais, desconfie de algum amigo que o trai.

J | 115

- **JUDAS**
Esta representação onírica tanto se trata de Judas Iscariote como dos bonecos que se costumam queimar no sábado de Aleluia, e indica que deve proteger-se de certas amizades que o rodeiam e que, com um aperto de mãos ou beijo, como querendo demonstrar afeto e carinho, tentam prejudicá-lo.

- **JUDEU**
Sonhar com um ou vários judeus é sinal de que as penas e aborrecimentos que tem na atualidade mudarão num breve espaço de tempo e a paz renascerá no seu coração.

- **JURAMENTO**
Sonhar que faz um juramento e o cumpre fielmente quer dizer que será objeto de honras e dignidade.

- **JUVENTUDE**
Se a pessoa que sonha é já de certa idade se vê jovem e bem posta é augúrio de saúde alegria e prosperidade.

L

- **LÃ**
Sonhar com lã (em rama ou em tela) augura prosperidade familiar e é um símbolo de boas amizades. Usar um abrigo de lã, pelo contrário, pressagia má sorte.

- **LÁBIOS**
Se forem lábios jovens e rosados, gozará de gratos lances amorosos e sua saúde não terá nada a desejar. Se forem volumosos, grosseiros e pálidos significarão tudo ao contrário: fracassos no amor e falta de saúde.

- **LABIRINTO**
Sonhar que está num labirinto e acha a saída é augúrio de que terá dificuldades no seu trabalho ou nos seus negócios. Tais dificuldades poderão ser vencidas com constância e um corrreto modo de proceder.

- **LABORATÓRIO**
Sonhar que vê um laboratório ou que está nele interpreta-se como êxito e bem-estar, sempre que seja uma pessoa laboriosa e ativa no seu trabalho ou negócio.

- **LAÇOS**
Se estiver cheio de laços, indica múltiplas dificuldades para pode sair airoso dos seus apuros. Se se trata dos laços matrimoniais que simbolicamente unem os futuros esposos, fará bons negócios.

L | 117

- **LADAINHA**
É grato augúrio de paz e de felicidade dentro da família. Caso seja você mesmo quem participa do coral da ladainha, seus projetos e ilusões não tardarão em converter-se numa grata realidade.

- **LADRÃO**
Se os ladrões entraram na sua casa e roubaram é um bom presságio para qualquer trabalho, empresa ou assunto que acometa.

- **LADRILHOS**
Sonhar com ladrilhos é um signo de prosperidade.

- **LAGARTAS**
Sonhar com lagartas é sinal de traições.

- **LAGARTIXA**
Sonhar com esse animal significa que deve guardar-se das traições de gente que busca importuná-lo ou quer sua ruína.

- **LAGO**
Este sonho indica que não tardará em receber alegria e contentamento ao lado de pessoas as quais muito estima, em sua casa ou numa festa que está próxima a celebrar-se.

- **LAGOSTA**
Prediz gratas reuniões familiares.

- **LÁGRIMAS**
Sonhar que é você mesmo quem chora é anúncio de alegria
Se vires as lágrimas nos olhos de outra pessoa, augura um feliz término das penas.

- **LÂMPADA**
Significa que terminaram suas penas, após uma curta temporada de crise. Se a pessoa estiver em estado delicado ou enferma, se restabelecerá prontamente.

118 | Os Sonhos de A a Z e suas Interpretações

- **LANÇA**
Uma lança simboliza esperanças perdidas, sobretudo se quem sonha com ela é mulher.

- **LANTERNA**
Sonhar que usa uma lanterna é sinal de que deve atuar com prudência nos seus assuntos. Se a lanterna está apagada, terá inconvenientes devidos a sua despreocupação ou irresponsabilidade. Proteja-se de amigos invejosos. Trazer às mãos uma lanterna de luz branca augura êxito. Mas, se a lanterna emite luz vermelha, receberá notícias que lhe causarão desgosto.

- **LÁPIDE**
Deve procurar não ser infiel e portar-se bem na vida que leva, do contrário, logo será desmascarado.

- **LÁPIS**
Sonhar com lápis indica fracasso dos projetos ou ilusões.

- **LARANJAS**
Sonhar com laranjas prediz problemas e contrariedades. Se a está comendo, terá alguma ferida.

- **LARANJEIRA**
Se sonhar que a árvore está cheia de frutos, logo receberá notícias que o deixarão perplexo. Se a laranjeira não tem frutos, se sentirá abandonado e desprezado por seus amigos.

- **LATIDOS**
Ouvir um cão ladrar é augúrio de penas e contrariedades. Se se ouve uivar, anúncio de morte.

- **LAVADEIRA**
Receberá gratas notícias que haverão de beneficiá-lo.

L | 119

- **LAVANDERIA**
Se for você quem estiver na lavanderia ou diante da lavadora, lavando sua roupa, significa que se reconciliará proximamente com uma pessoa da qual estava afastado.

- **LAVAR**
Sonhar que toma banho ou lava as mãos é sinal de que terá que acudir um amigo, a quem deve socorrer no que puder.

- **LAVRADOR**
Sonhar com um lavrador é um grato indício de prosperidade no seu trabalho e bem-estar familiar.

- **LAVRAR**
Se sonhar que está lavrando um terreno, certo projeto ou negócio que deseja empreender será um fracasso, se não tomar as devidas precauções para levá-lo adiante.

- **LEÃO**
Lutar contra um leão e vencer em combate tão desigual significa que também vencerá na vida os inimigos que querem prejudicá-lo. Não obstante, se cai sob suas garras, seus inimigos triunfarão sobre você. Ver vários leões juntos é presságio de que pode associar-se com as pessoas que lhe proponham formar um clube ou empreender um negócio.

- **LEBRE**
Este sonho quer dizer que faremos rápidas e convenientes aquisições.

- **LEGUMES**
No geral, sonhar com legumes é desagradável. Se estiverem na horta pressagiam aflições; no mercado, na cozinha ou na mesa, haverá discórdia entre amigos e companheiros.

120 | Os Sonhos de A a Z e suas Interpretações

- **LEI**
Se sonhar que é um representante da lei significa que pode considerar-se seguro no seu trabalho ou negócio. Caso seja um transgressor da lei, o significado é completamente contrário.

- **LEITE**
Num recipiente qualquer, logo fará amizade com uma pessoa a que antes não conhecia.

- **LENÇO**
Sonhar com um lenço sujo é um augúrio de penas. Se se trata de um lenço branco e limpo, vaticina gratas companhias. Se for de cor vermelha, terá brigas amorosas ou matrimoniaisvUm lenço preto significa luto.

- **LENÇOL**
Um lençol limpo indica importantes ganhos. Se for branco, revela um próximo matrimônio, seu ou de um familiarvSe estiver sujo é augúrio de enfermidade. Sonhar que estamos mudando os lençóis da cama está anunciando-nos que logo receberemos uma visita agradável.

- **LENHA**
Se a vê empilhada, receberá notícias de um bom amigo que está enfermo. Se a carrega nas costas, as tribulações que agora o arquejam perdurarão durante algum tempo. Se vê lenha queimada, significa que obterá bens à custa do seu próprio trabalho.

- **LENHADOR**
Se sonhar que é você quem corta a lenha no bosque, quer dizer que terá satisfação no trabalho que executa. Se vê um lenhador, terá o afeto e a complacência de amigos.

L | 121

- **LENTES**
Pressagiam desgraças ou tristeza.

- **LENTILHAS**
As lentilhas indicam egoísmo e corrupção.

- **LEOPARDO**
Se sonhar com um leopardo deverá proteger-se de estranhos, em particular se forem estrangeiros.

- **LEPROSOS**
Sonhar que está sofrendo dessa enfermidade pressagia bem-estar e próximas riquezas. Se se trata de outra pessoa que padece do mal, é augúrio de calamidades sem fim.

- **LEQUE**
Se sonhar que tem um leque na mão e é mulher, esperam-na traições e rivalidades que podem terminar com seu matrimônio; se o leque estiver rasgado, receberá desenganos. Ver um leque ou estar abanando-se com ele significa contrariedades e desavenças que pode resolver se se propuser a isso.

- **LER**
Se for você quem lê, terá contrariedade e litígios. Se vê outra pessoa lendo, receberá boas notícias.

- **LETREIRO**
Indica que sairá airoso de um perigo que o estava acossando.

- **LIBÉLULA**
Sonhar com uma libélula indica um grato augúrio de riquezas que aliviarão ou melhorarão sua situação atual.

- **LICOR**
Sonhar com licores é augúrio de considerações e respeito de que somos dignos.

122 | Os Sonhos de A a Z e suas Interpretações

- **LIGAS**
Se as usa, é presságio de mal-estar e enfermidadesvSe sonhar que a deixa, indica decepções. Vê-las deixadas por uma mulher é sinal de penas e dificuldades.

- **LILÁS**
Tenha por seguro que relembrará gratas recordações amorosas de sua juventude, não obstante, não se deve deixar levar por sentimentalismos.

- **LIMÃO**
Este sonho interpreta-se como amarguras que, afortunadamente, não perdurarão por muito tempo.

- **LIMONADA**
Se for você que a prepara, significa que terá contrariedades. Bebê-la é augúrio de enfermidade ou morte.

- **LIMPEZA**
Se for você quem faz a limpeza da casa, receberá gratas notícias. Ver varrer ou fazer a limpeza por outra pessoa indica que as notícias que chegarão não são muito gratas, mas, afortunadamente, não se comprovarão como verídicas.

- **LIMUSINE**
Viajar numa limusine indica riquezas.

- **LÍNGUA**
Sonhar com uma língua cumprida é um sinal de pesares. Se for gorda, indica boa saúde.

- **LIRA**
Símbolo de amor e de ternura, de sentimentos poéticos e românticos.

L | 123

- **LÍRIO**
Sonhar com lírios durante o tempo em que florescem significa paz e felicidade; fora da temporada, sinalizam perda de esperança e ilusões.

- **LISTAS**
Símbolo de perdas e contrariedades, que serão mais longas quanto maiores forem as listas.

- **LITURGIA**
Sonhar que está presente numa cerimônia litúrgica é bom sinal, já que receberá apoio em propostas que tenha feito, transformando-se em beneficio e prosperidade.

- **LIVRO**
Sonhar com livros é sinal de uma longa vida. Se são livros religiosos, prediz boa saúde. Um livro aberto interpreta-se como sorte e bem-estar; fechado, como mistério.

- **LIXÍVIA**
Este sonho é prognóstico de trabalhos sem compensações.

- **LIXO**
Terá notícia de uma pessoa amiga que fugiu do lar.

- **LOBO**
Se o lobo nos ataca, um inimigo nos causará prejuízos. Se nos morde, seremos vítimas de uma grande perfídia. Se o matamos, triunfo seguro sobre nossos inimigos.

- **LOCOMOTORA**
Vê-la correr vaticina que em breve realizará uma viagem. Se a locomotora descarrilou, será vítima da sua precipitação.

124 | Os Sonhos de A a Z e suas Interpretações

- **LODO**
Sonhar que caminhamos sobre um terreno lodoso augura a perda de algo muito querido. Se resvalarmos nele, significa problemas judiciais. Se cairmos e nos enlodamos, é anúncio de grave enfermidade.

- **LOIRO**
Ver uma pessoa loira em sonhos é indício de que os problemas e necessidades que na atualidade o angustiam logo haverão de acabar, trazendo ao seu coração paz, felicidade e descanso.

- **LOMBO**
Se sonhar com um lombo de rês, cervo etc., significa que logo receberá um dinheiro que não esperava, com o qual solucionará todos os seu problemas, familiares ou de negócios.

- **LOMBRIGA, MINHOCA**
Este sonho é augúrio de desgostos e desavenças familiares, por falta de recursos.

- **LOTERIA**
Se sonhar com um número da loteria e ao acordar lembra-se da cifra final, trate de comprar um bilhete com esse número.

- **LOUCO**
Se for você mesmo que estiver privado de razão, demonstra que você é muito cordato e responsável e que desfruta de uma invejável saúde. Se for uma mulher solteira, é anúncio de próximo matrimônio; se for casada, anuncia a chegada de um filho que se destacará notavelmente na vida.

- **LOUREIRO**
Sonhar com um loureiro é presságio de boa sorte; para as solteiras, supõe encontrar esposo; para os casados, ter filhos, ventura e felicidade sem limites. Ver-se coroado de ramo de loureiro, levar simplesmente um ramo nas mãos ou aspirar seu grato perfume proporciona fortuna, muita paz e bem-estar no lar.

- **LOURO**

  É bom augúrio sonhar com louro, já que não tardará em receber notícias de que um familiar ou amigo que estava muito enfermo e recobrou sua saúde quase milagrosamente.

- **LOUSA**

  Sonhar com uma lousa vaticina obstáculos imprevisíveis.

- **LUA**

  A lua cheia é augúrio de bem-estar e prosperidade na casa. Se estiver na fase de quarto crescente, significa afinidades amorosas; em quarto minguante, auspicia desavenças no amor. Ver a lua nova é sinal de inconvenientes e dissabores. Sonhar que está na lua é augúrio de dinheiro inesperado.

- **LUTA**

  Se sonhar que luta contra um conhecido, logo saberá de uma pessoa que se diz ser seu amigo, mas que o está prejudicando.

- **LUTO**

  Sonhar que você mesmo está vestido de luto é sinal de matrimônio de algum familiarvSe, pelo contrário, sonha com outra pessoa com este lutuoso traje, é anúncio de penas e tribulações.

- **LUVA**

  Sonhar que alguém usa boas luvas é um sinal de felicidade; se estão rotas e sujas, terá contrariedades. Comprá-las significa que logo receberá a visita de uma pessoa por quem tem afeto.

- **LUZ**

  A luz é um sonho de excelente presságio, e quanto maior seja seu fulgor, melhores proveitos e êxito logrará na sua vida.

M

- **MACA**
É indício de possível acidente ou enfermidade. Cuide-se.

- **MAÇÃ**
Se se trata de maçãs maduras e doces, predizem prazeres e alegrias. Se estiverem verdes, pressagiam contrariedades. Se seu sabor é muito ácido, seu significado não é outro senão disputas.

- **MACACO**
Sonhar com macacos avisa que deve procurar se livrar de sacanices e de amigos mexeriqueiros.

- **MACARRÕES**
Significa que somos pessoas fáceis de contentar. Se os comemos, desfrutaremos de paz e tranquilidade doméstica.

- **MAÇÃS DO ROSTO**
Esse sonho se interpreta como uma boda por amor.

- **MACHADO**
Sonhar com um machado é um signo de ameaças e de perigos. Procure não buscar pleitos com ninguém, já que o resultado poderia ser lamentável.

- **MADEIRA**
No geral, como tábuas, vigas, ripas etc., são de bom agouro, já que nos anunciam novos trabalhos, em empresas ou negócios, que hão de prosperar se nos dedicar-nos a eles com empenho.

M | 127

- **MADEIXA**
Se sonhar que a madeixa está desfeita ou revolta, deve preocupar-se com seus negócios, que andam parados sem que tenha se dado conta. Se a está enrolando, é anúncio de êxito. Se a madeixa for de linha ou lã, significa um estancamento no se trabalho ou negócio. Entretanto, se é de seda, indica prosperidade.

- **MADRESSILVA**
Anuncia próxima boda de uma pessoa que está entre o círculo dos seus bons amigos.

- **MADRINHA**
Deve ter cuidado com alguém do seu entorno, já que suas intenções não são boas.

- **MÃE**
Sonhar com uma mãe, viva ou falecida, é augúrio de paz e de felicidade. Se sonhar que está falando com ela, logo receberá notícias de um familiar a quem quer muito.

- **MAESTRO**
Se algum familiar ou amigo acaba de confiar-lhe um segredo, não confie na pessoa que tentará arrancá-lo.

- **MAGO**
Sonhar com um mago prediz uma surpresa muito agradável para você. Se quem sonha está enfermo, significa um rápido restabelecimento na sua saúde.

- **MALAS**
Se sonhar com malas, logo fará uma mudança. Se for você mesmo que as leva, prognostica que mudará sua situação.

- **MANCHA**
Ver manchas no traje, na roupa, nas paredes ou em qualquer outro lugar indica pesadelo e tristeza.

128 | Os Sonhos de A a Z e suas Interpretações

- **MANCO**
Se sonhar com uma pessoa manca, trate de mudar seu caráter, reconheça que é duro com os empregados e os amigos; do contrário, esteja atento às consequências.

- **MANDARINA, TANGERINA**
Este sonho indica que há em você desejos de superar-se e progredir, mas não deve descuidar do seu trabalho, já que, por sua negligência, seu ideal pode não se realizar.

- **MANDÍBULA**
Se a mandíbula estiver completa, isto é, com todos os seus dentes, é um signo de prosperidade e riquezas, mas, caso contrário, é anúncio de enfermidades ou perda de algum familiar ou amigo.

- **MANEQUIM**
Sonhar com um manequim indica que deve ter mais cuidado em suas empresas ou nos trabalhos.

- **MANGAS**
Se as mangas com que sonha são amplas, é sinal de bem-estar, mas se são estreitas indicam contrariedades amorosas e sentimentais no seu lar. Se no seu sonho estão rasgadas ou rasgadas, é sinal de desavenças.

- **MANTEIGA**
Sonhar com manteiga augura próximos pleitos de família por causa de falatórios femininos.

- **MANTILHA**
Irão comunicar-nos grandes segredos morosos.

- **MÃO**
Este sonho tem muitos significados. Se se trata de mãos bonitas, é sinal de bons negócios e paz doméstica. Lavá-las significa que terá preocupações. Se as está contemplando é augúrio de enfermidade.

Uma mão peluda é um prognóstico de queda no seu negócio ou trabalho. Se estiver cortada, augura a perda de uma boa amizade.

- **MAPA**
Se for homem, significa que fará uma longa viagem. No caso de uma mulher, terá que estar atenta para evitar uma forte infecção intestinal.

- **MAQUILAGEM**
Sonhar que está se maquiando é sinal de pleitos e murmúrios familiares.

- **MÁQUINA**
Anúncio de próximas atividades. Se a máquina, qualquer que seja, estiver em movimento, significa um êxito seguro no negócio ou trabalho; mas, se permanece parada, sem movimento, indica tempo perdido, que temos que recuperar com o trabalho.

- **MAR**
Sonhar com o mar calmo indica que algum parente lhe prestará ajuda na sua situação atual. Se estiver agitado, pressagia perigo. Sonhar que cai no mar augura um acidente fatal para você mesmo ou para uma pessoa próxima. Se caminha sobre ele, significa que se solucionarão com êxito os problemas que o afligem.

- **MARFIM**
Este sonho significa que receberá boas notícias e gratos presentes.

- **MARGARIDA**
Sonhar que contempla um ramo de margaridas é augúrio de paz e felicidade por muito tempo, assim como de declarações amorosas. Se no sonho a está desfolhando, é sinal de amores passageiros.

- **MARGENS**
Ver a margem de um rio formoso indica muito boas perspectivas no porvir. Se no seu sonho chega a alcançar a parte oposta, é sinal de gratas satisfações e de progresso na sua vida. Se não logra alcançá-la, se apresentarão obstáculos.

130 | Os Sonhos de A a Z e suas Interpretações

- **MARIDO**
Se no seu sonho encontra seu marido, logo receberá um presente que a satisfará. Se é solteira e sonha que tem marido, é augúrio de boda muito próxima.

- **MARINHEIRO**
Se no seu sonho for um marinheiro, é sinal de perigos e desgraças. Sonhar com um marinheiro augura uma enfermidade ou a possibilidade de que se agrave, se já estiver enfermo.

- **MARIPOSA**
Sonhar com mariposas brancas ou coloridas indica que é uma pessoa volúvel e inconstante. Se forem negras, terá, talvez, infaustas notícias.

- **MARISCO**
Se estiver vazio é augúrio de perda de dinheiro. Se estiver fresco e cheio, logo se realizarão suas ilusões.

- **MARMELO**
Sonhar que o come é augúrio de penas e tristezas, que serão maiores se o marmelo for ácido.

- **MÁRMORE**
Sonhar com mármore e figuras feitas desta pedra indica advento de pleitos e contrariedades que não esperava. Procure ter cuidado e ser prudente em todos os seus atos.

- **MARRETA**
Sonhar com uma ou mais marretas pressagia amor e compreensão entre os seres queridos.

- **MARTELO**
Sonhar com um martelo que golpeia com força uma bigorna ou qualquer objeto pressagia uma vida ativa que, seguramente, o conduzirá ao êxito em seu trabalho ou negócio. Desde logo, deverá apartar-se de todo tipo de violência que possa prejudicá-lo.

- **MARTÍRIO**
Sonhar que o martirizam é sinal de agasalhos e honras.

- **MÁSCARA**
Cobrir o rosto com uma máscara augura enganos e amigos falsos.

- **MÁSCARA**
Sonhar com uma máscara significa que devemos estar preparados contra alguma intriga ao nosso redor. Temos de estar prevenidos contra burlas ou indiretas.

- **MASSA**
Se for você mesmo quem prepara uma massa de pastel ou pão, augura-lhe felicidade na companhia de familiares ou amigos. Se os pães ou os pasteizinhos são feitos exclusivamente para oferecê-los a outras pessoas, não deve descuidar dos seus interesses, sobretudo se se trata de dinheiro.

- **MATADOURO**
Se, num matadouro ou rastro, vemos sacrificar várias reses, será sinal de bons augúrios e notícias felizes. Estar sozinho num matadouro onde não vemos ninguém executando seus labores é presságio de perigos próximos.

- **MATRIMÔNIO**
Se for você mesmo que se casa, trata-se de um sinal de que uma inesperada ajuda melhorará sua situação. Caso assista como convidado a uma boda e não conheça os noivos, augura morte de alguém próximo ou de um amigo querido.

- **MEDICAMENTO**
Se for você quem o toma, augúrio de enfermidade. No caso de ser você quem o administra a um paciente, proveitos.

- **MEDALHA**
Sonhar com medalhas é sinal de que conhecerá uma pessoa de boa posição e de dinheiro que o favorecerá.

132 | Os Sonhos de A a Z e suas Interpretações

- **MÉDICO**
Sonhar com um médico significa proteção e consolo na sua vida. Se for médico ou aparece assim no sonho, é uma pessoa de bons sentimentos e essa bondade deverá espargi-la entre os demais.

- **MEDO**
Se sonhar que tem medo, deverá cuidar da saúde. Procure descansar o máximo possível.

- **MEIAS**
Sonhar com meias é sinal de desgostos. Sonhar com meias gastas é sinal de má sorte nos negócios ou na loteria. Mas se são de boa qualidade, receberá dinheirovSonhar que as tirou é augúrio de satisfações e boas notícias. No caso de vê-las ou usá-las rasgadas, significa que haverá contrariedade e miséria. Sonhar com uma só meia indica doenças em parentes. Se você mesmo as está vestindo, augura apuros de caráter econômico, tirando-as, o fim de nossas preocupações.

- **MEL**
Se sonhar que toma mel terá satisfações, prosperidade e êxito nos negócios. Ver que o tomam indica desgostos amorosos.

- **MELANCIA**
Um montão de melancias vaticina penas e lágrimas. Não obstante, comer uma rodela deste fruto manifesta que receberá uma notícia que o encherá de alegria.

- **MELÃO**
Se uma pessoa estiver enferma e sonha que come melão, pode ter por seguro seu pronto restabelecimento. Sonhar simplesmente com esta fruta é augúrio de boas notícias. Se sonhar que o compra, evite gastos supérfluos que podem trazer muitos inconvenientes.

- **MELODIA**
Se nos sonhos ouve uma doce melodia, seu significado é o anúncio de perdas nos negócios.

- **MELRO**
Se ouvir um melro cantar nos seus sonhos é sinal de murmúrios. Se o vê morto, deve controlar-se em qualquer situação difícil ou terá desgostos.

- **MENDIGO**
Se sonhar que é um mendigo, terá aflições e desgostos familiares. Caso o mendigo seja um amigo ou conhecido, procure acercar-se dele para que o ajude.

- **MENINO**
No geral, é um sonho com bons augúrios. Não obstante, devemos ver as crianças alegres, brincalhonas e saudáveis. Se no seu sonho carrega o menino, indica tristezavSe se trata de um recém-nascido, é um sinal de prosperidade.

- **MENSAGEIRO**
É um sonho de bons presságios, já que teremos surpresas agradáveis e anúncio de bodas.

- **MERCADO**
Se for comerciante e sonha com um mercado cheio de mercadorias, quer dizer que obterá ganhos no seu negócio; se o mercado estiver vazio, deve procurar pôr em ordem suas operações comerciais. Sonhar que está presente nele, comprando ou vendendo, é um prognóstico de felicidade no lar e no trabalho.

- **MERENGUE**
Sonhar com merengues anuncia contrariedade e doenças.

134 | Os Sonhos de A a Z e suas Interpretações

- **MESA**
Uma mesa bem preparada e cheia de ricos manjares é sinal de abundância; se estiver vazia, indica todo o contrário. Se mesa está quebrada, é augúrio de uma grande depressão econômica.

- **METAL**
Sonhar com metais em geral, sem definir com exatidão de qual se trata, é um bom presságio de prosperidade e paz no lar e no trabalho.

- **METRO**
Sonhar que usa o metro para tomar medidas é de mau augúrio: indica perda do seu trabalho, se é empregado, ou uma grande redução das suas entradas, caso seja negociante.

- **MIADOS**
Indica que dois dos seus maiores inimigos se darão mal, com o que você se sairá beneficiado.

- **MILAGRE**
Sonhar com um milagre é sinal de grandes e inesperados benefícios que receberá em breve. Caso seja você que faça o milagre, indica infidelidade entre namorados ou esposos.

- **MILITAR**
Se sonhar com um militar, significa que já está preparado para empreender qualquer empresa ou negócio.

- **MINA**
Se sonhar que trabalha numa mina, deve guardar o dinheiro ganho com seu esforço e não confiar na loteria.

- **MINISTRO**
Sonhar que é um ministro são maus augúrios. Se recorre a um ministro para pedir-lhe algum favor, tenha por seguro que fracassará.

- **MIOLOS**

Sonhar com miolos é augúrio de fracassos e próxima enfermidade.

- **MISSA**

Ouvir missa nos seus sonhos, sobretudo se for cantada, é augúrio de satisfação e alegrias. Dizer missa implica o fim de nossas penas.

- **MOCHILA**

Sonhar com uma mochila escolar cheia de livros é indício de que há pessoas invejosas que tratarão de amargar-lhe a vida com mentiras e falatórios. Se estiver vazia, receberá desagradáveis notícias que, afortunadamente, serão falsas. Mas se estiver cheia de doces e chocolates, sofrerá uma grande contrariedade que deitará por terra ilusões que se lhe havia forjado.

- **MOCHILEIRO**

Sonhar com um mochileiro é sinal de intranquilidade. Se estiver em apuros, pressagia o seu fim.

- **MODELAR**

Se estiver casado e não tiver filhos, sonhar que está modelando figurinhas de barro significa que logo terá um.

- **MODISTA**

Se sonhar que é modista, tanto mulher como homem, logo terminará com a falsa amizade de uma pessoa que vem o prejudicando.

- **MOEDA**

Se a moeda for de ouro, indica penas; se for de prata, trará felicidade; de cobre ou de alumínio é augúrio de fortuna. Se for de uma moeda falsa, pressagia contrariedades.

- **MOER**

Sonhar que está moendo qualquer cereal ou café é augúrio de êxito, abundância.

136 | Os Sonhos de A a Z e suas Interpretações

- **MOINHO**
Se no seu sonho o moinho está funcionando, é presságio de alegrias, mas se aparece sem movimento, significa que passará por penas. Se o moinho é de vento, é sinal de uma viagem próxima; se é de água, prognostica-lhe dificuldades.

- **MOLA**
Se quem sonha com ela é um estudante, é um feliz augúrio de êxito tanto nos exames como em assuntos amorosos.

- **MOLAR**
Se cair augura morte de uma pessoa da família ou de um amigo muito querido.

- **MOLDURA**
Sonhar com a moldura de um quadro é indício de vida feliz, devido à sua conduta e economia. Desfrutará de uma doce felicidade conjugal.

- **MONGE**
Sonhar com um monge de batina branca significa êxito. Se a batina for negra, trará dificuldades.

- **MONSTRO**
Se o vê a distância, deve se separar de alguém que se chama amigo e só quer prejudicá-lo. Se estiver próximo, vaticina saúde e amizade.

- **MONTANHA**
Se subir pela montanha, terá prosperidade. Se a desce, indica tudo ao contrário, quer dizer, misériavSomente vê-la significa que fará uma bela viagem.

- **MONUMENTO**
Se sonhar com um monumento significa que logo terá um aumento de trabalho e gratos benefícios, ainda que não na proporção desejada.

- **MORANGOS**
Vê-los é sinônimo de uma vida aprazível. Se comê-los terá ganhos inesperados e felicidade, mas se os oferece a outra pessoa terá uma decepção.

- **MORCEGO**
Os morcegos, nos sonhos, são augúrio de perigos iminentes, desenganos amorosos, aflições, graves acidentes e inclusive um sinal de morte de familiares ou amigos. Também adverte-o que terá que prestar atenção ao seu trabalho ou aos negócios e pôr toda a sua fé e dedicação neles.

- **MORCELA**
Comê-la é indício de relativo bem-estar, alternando alegrias e contrariedades. Elaborá-la ou preparar uma comida com ela simboliza afeto de boas amizadesvSe for você quem come morcelas, receberá a grata visita de amigosvSe as vende, é indício de prosperidade. Sonhar com morcelas brancas é um bom augúrio; se são negras, pode ter pequenas contrariedades.

- **MORDAÇA**
Sonhar que se acha amordaçado, deve procurar ser discreto num assunto de que se pode incumbir; pelo contrário, sofrerá algum desgosto.

- **MORDIDA**
Sofrer a mordida de algum animal é sinal de ódios, ciúmes e feridas.

- **MORDOMO**
É um mau presságio. Tenha cuidado com uma pessoa com quem tem contato no trabalho ou no negócio, já que o está enganando.

- **MORTALHA**
Se no seu sonho é você a quem amortalham, sem que esteja morto, receberá uma notícia que o amargará de momento, ainda que tudo venha a terminar bem.

138 | Os Sonhos de A a Z e suas Interpretações

• MORTE
Sonhar com a morte de um filho é um bom augúrio de prosperidade; se se trata de um parente ou amigo, é prognóstico de boda ou nascimento.

• MORTO
Se beija uma pessoa morta, é um indício de longa vida. Se a vê no caixão, sofrerá uma enfermidade gástricavVer a si mesmo morto é sinal de saúde, honras e prosperidade.

• MOSCA
Sonhar com moscas significa que padecerá de desconfortos e visitas não muito gratasvNão obstante, se sonhar que as mata significa que sairá airoso e triunfante de tais inconvenientes e incômodos.

• MOSQUITOS
Sonhar com mosquitos é sinal de preocupações, ainda que poderão terminar, se for uma pessoa consciente.

• MOSTARDA
Tudo o que se relaciona com a mostarda é de mau augúrio.

• MOSTRADOR
Este sonho é um aviso para que não empreenda nenhum negócio nem jogue na loteria. Guarde seu dinheiro para melhor ocasião.

• MOTIM
Se sonhar que participa de um motim, seja valente e decidido para sair airoso dos seus projetos.

• MÓVEIS
Se no seu sonho compra móveis augura felicidade; se, pelo contrário, vende-os, é presságio de maus negócios e, inclusive, adversidade.

- **MUDANÇA**
Este sonho augura que o espera uma notícia desagradável.
- **MUDO**
Sonhar com um mudo, seja você ou outra pessoa, é presságio de dificuldades familiares.
- **MULA**
Sonhar com este animal indica prosperidade nos negócios, se não leva carga. Se a mula vai carregada, significa que haverá dificuldades no trabalho ou empresa.
- **MULATO**
Sinal de riquezas e prosperidade.
- **MULETAS**
Se sonhar com muletas quer dizer que recuperará a saúde, no caso de estar enfermo. Se andar com elas é sinal de que não deve arriscar dinheiro na loteria. Romper as muletas significa que terá paz e tranquilidade no lar.
- **MULHER**
Sonhar com uma mulher morena é sinônimo de tristezas; se for loira, vaticina alegrias, e se for ruiva, falatórios e mexericos. Se se trata de uma mulher grávida, indica boas e agradáveis notíciasvSe estiver despida, anuncia a morte de um familiar ou amigo.
- **MULTA**
Se for você quem a paga, receberá elogios e proventos no seu trabalho ou negóciosvSe for outra pessoa, anuncia pleitos.
- **MULTIDÃO**
Indica que não tardará em recolher o fruto semeado pela sua constância e trabalho, ainda que deva procurar não se envaidecer disso.

- **MUNHECAS**
Sonhar com pulsos significa que nossas alegrias serão breves e nossas ilusões não se realizarão.

- **MURTA**
É um sinal de cura para os enfermos. Para os que estiverem sãos, prediz grandes angústias e penas.

- **MÚSICA**
Ouvir uma boa música é um sinal de consolo. Sonhar que ouve música desafinada e desagradável auguram calúnias.

N

- **NABO**
Quem sonha com ele e está enfermo logo se restabelecerá por completo.

- **NADAR**
Sonhar que está nadando no mar ou em qualquer reservatório de água limpa é sinal de prazeres e de comodidade. Se o faz num mar agitado ou num rio caudaloso, auguram próximos perigos.

- **NÁDEGAS**
Sinal de perigo. Se for do sexo oposto, indica luxúria.

- **NAIPES**
Jogar cartas anuncia enganos e desilusões. Se jogar com amigos, procure não empreender nenhum negócio com eles.

- **NARIZ**
Ver ou ter um nariz curto ou muito chato revela inimizades. Exageradamente longo é um signo de saúde e bem-estarvSe for muito grande e volumoso augura infidelidades amorosas.

- **NASCIMENTO**
Sonhar com um nascimento pressagia sempre notícia ou sucesso agradáveis.

- **NAUFRÁGIO**
Se sonhar que viaja num barco e naufraga deverá estar alerta par evitar que lhe suceda alguma desgraça.

142 | Os Sonhos de A a Z e suas Interpretações

- **NAVALHA**
Não é de bom augúrio sonhar com um canivete, já que significa brigas e disputas familiares.

- **NAVIO**
Se navegar a bordo de um barco e a viagem transcorrer feliz, a sorte lhe será favorável. Se se incendiar durante a navegação, terá muita sorte na sua vida, no trabalho ou nos negócios.

- **NEBLINA**
Sonhar que está envolto na neblina significa o estancamento do seu trabalho e atual modo de viver. Arme-se de paciência e espere tempos melhores.

- **NECESSIDADE**
Se sonhar que está em lamentável estado de necessidade, tanto de trabalho como de dinheiro, logo mudará sua situação com um aumento inesperado de fortuna.

- **NEGÓCIO**
Se sonhar que tem um negócio ou uma boa colocação no emprego e sente-se aborrecido pelo trabalho receberá notícias agradáveis e prosperidade inesperada. Este mesmo prognóstico pode aplicar--se a sonhar que seu negócio vai mal ou está em quebra.

- **NEGRO**
Sonhar com algo de cor negra é augúrio de penas, tristezas e quebras, já que esta cor só nos traz desgraça e melancolia.

- **NERVOS**
Se sofre um ataque de nervos é sinal de uma enfermidade passageira e sem consequências.

- **NESPEREIRA**
Sonhar com nêsperas significa que é uma pessoa apática e preguiçosa e só poderá alcançar a sorte ou o triunfo na sua vida com sua laboriosidade e trabalho.

NEVADA
Se vires uma nevada ou está em meio a ela, sua situação atual irá melhorando paulatinamente, caso a neve caia com violência, cobrindo as árvores e as casas, lhe asseguraria uma rápida prosperidade, paz e alegria no lar, assim como atenções e obséquios de familiares e amigos.

NEVE
Sonhar com ela em qualquer estação, menos no inverno, é augúrio de uma boa colheita pelos lavradores, ainda que para o resto das pessoas signifique maus negócios e perdas.

NEVOEIRO
Este sonho avisa-o de que não deve descuidar-se do trabalho nem dos seus problemas caseiros.

NINFA
Este sonho não é um bom augúrio para a mulher, já que deverá proteger-se de uma amiga que trata de namorar o homem a quem ama.

NINHO
Se o sonho é de um ninho de pássaros lhe chegarão alegrias; entretanto, se é de serpentes se verterão calúnias sobre você.

NÍVEL
Ver no seu sonho um nível, o instrumento que serve para comprovar a horizontalidade, significa que tratará com gente de conduta intocável, que por nada concordarão em ajudá-lo a proteger algum assunto cuja solução não seja decente nem correta.

NOGUEIRA
Sonhar que recolhe nozes caídas no chão é uma advertência de que deve moderar-se nas suas atuações.

144 | Os Sonhos de A a Z e suas Interpretações

- **NOITE**
Sonhar com uma noite estrelada é um sinal de felicidade no lar e no seu trabalho. Se sonhar com uma noite tenebrosa será objeto de intrigas por parte de alguns amigos. Sonhar que passeia à noite, augura-lhe penas. Ver brilhar a lua revela uma declaração de amor.

- **NOIVOS**
Se for homem e sonhar que está vestido de noivo, disposto a contrair matrimônio, há de ter em conta que é um augúrio de boda frustrada ou de enfermidade. Caso seja uma mulher, também vestida de noiva, é um presságio nefasto que alerta sobre um próximo falecimento de um familiar ou de outra pessoa querida.

- **NOMEAR**
Se sonhar que o chamam pelo nome deverá tomar precauções em seu negócio, para evitar lamentáveis prejuízos.

- **NORA**
É um bom augúrio sonhar com uma nora, já que significa compreensão e apoio de uma pessoa amiga.

- **NÓS**
Ver nós de cordas ou de fios indica dificuldades e enredos, mas, se chega a desfazê-los, talvez logre vencer esse presságio.

- **NOTÁRIO**
Sonhar com um notário indica um próximo matrimônio.

- **NOTÍCIAS**
Se em sonho recebe boas notícias, significa que sobreviverá a uma enfermidade ou acidente. Entretanto, se as novas que recebe anunciam desgraças, predizem sorte e ventura para você e os seus.

- **NOVELA**
Sonhar que está lendo algum romance é sinal de que vão convidá-lo para alguma festa; se o texto que lê tona-se tedioso e aborrecido, essa festa que assistirá não haverá de ser do seu agrado.

- **NOVENA**
Sonhar que assiste a uma novena num ato de devoção indica que é uma pessoa simples e caritativa.

- **NOVIÇO**
Sonhar com um noviço vestido com seu hábito religios, pressagia juventude e amor dos seus semelhantes. Pode considerá-lo uma próxima chegada de satisfações.

- **NOZES**
Se estiver quebrando-as e comendo-as, terá dificuldade com a família ou os amigos.

- **NÚMEROS**
Sonhar com números em geral, sem especificação (sem se lembrar de quais foram), revela contrariedades. Se sonhar com o número 1, afaste-se de más companhias; se for o número 2, proteja-se de algum amigo que o acolhe; se for o 3, precisa fugir de discussões e pleitos. O número 4 é sinal de brigas e desavenças. Sonhar com o 5 é sinal de boa sorte.

- **NÚPCIAS**
Sonhar com elas vaticinam a chegada de um familiar ou amigo, cuja visita trará grandes satisfações.

- **NUTRIZ**
É um sonho de mau prognóstico, já que indica dor, penas e aflições.

- **NUVEM**
Este sonho rediz discórdias, brigas e desavenças entre familiares, que chegarão a dissipar-se se as nuvens se afastam e se dissolvem.

O

- **OÁSIS**
É augúrio de boa sorte familiar, amizades firmes e férias agradáveis.

- **OBELISCO**
Este sonho significa que algum familiar ou amigo não tardará em oferecer ajuda e apoio para elevar, melhorar e triuntar sua situação atual.

- **OBESIDADE**
Sonhar que engorda é um bom augúrio de sorte e na loteria. Emagrecer significa tudo ao contrário.

- **OBSTÁCULO**
Vaticina fracassos tanto em nosso negócio como em nosso trabalho. Se conseguirmos franqueá-los, acabaremos por vencer todas as dificuldades.

- **ÓCULOS**
Sonhar que os compra para seu uso pessoal quer dizer que chegarão notícias desagradáveis que o afundarão no maior desconcerto. Se se vê a usando-os, desconfie de uma pessoa que se diz sua amiga e pode prejudicá-lo.

- **ÓDIO**
Sonhar que odeia uma pessoa conhecida quer dizer que essa mesma pessoa também o aborrece na vida real. Sonhar que alguém o odeia é augúrio de felicidade e de segura reparação de atos e injustiça que o afligiram.

O | 147

- **ODOR**
É bom augúrio de saúde e de afeto sempre que se trate de um odor agradável. Se for desagradável, deveremos ter prudência com a saúde e os amigos.

- **OFICIAL**
Ver em sonhos algum oficial do exército nos trará felicidade e sorte. Sonhar que é você mesmo o oficial supõe promessas e sorte no amor. Se for um oficial de justiça, é uma advertência de que não deve altercar com gente violenta, se não quiser encontrar-se metido em pleitos.

- **OFICINA**
Se estiver na sua própria oficina, receberá notícias gratas. Se estiver simplesmente como empregado, melhorará no seu trabalho e terá êxito na sua vida.

- **OFICINA**
Sonhar com uma oficina significa que seus desejos não tardarão em cumprir-se. Entretanto, se estiver deserta por estar fora do horário, deve comportar-se bem no seu trabalho para evitar que o despeçam.

- **OLHOS**
Se os olhos com que sonha são grandes e expressivos, pressagiam alegria. Se forem tristes e apagados, auguram tristezas. Se nos olham carinhosos ou insinuantes, são indícios seguros de infidelidade. Se estiverem fechados, devemos desconfiar de alguém do nosso entorno. Quando se trata de olhos salientes, deve interpretar como invejosos e prejudiciais.

- **OLIVEIRA**
Ver uma oliveira é um bom augúrio, que trará comunhão de afetos entre familiares e amigos, assim como paz e tranquilidade. Se estiver cheia de azeitonas, contaremos com a chegada próxima de um filho.

148 | Os Sonhos de A a Z e suas Interpretações

- **OLMO**

Trata-se de um sonho que nos revela pobreza, exceto para os carpinteiros, os lenhadores e os que no seu trabalho tenham relação com a madeira em geral.

- **OMBRO**

Sonhar que lhe doem os ombros ou que tem feridas neles significa que terá incompreensões e inconvenientes.

- **ONDAS**

Sonhar com um forte movimento de ondas augura que alguém que está com você ou trabalha em seu negócio pode traí-lo. Se o fluxo é suave, logo conhecerá uma pessoa com quem entabulará uma boa amizade. Se sonhar com umas ondas imponentes, deve proteger-se de algum inimigo que o cerca.

- **ÔNIX**

Sonhar com uma figura ou objeto de ônix prediz que teremos de cuidar da nossa saúde.

- **OPALA**

Este sonho é de bom augúrio. Logo receberá um presente.

- **ÓPERA**

Sonhar que ouve uma ópera indica prazeres vãos e desídia, procure ser uma pessoa organizada, se quiser sair airoso das suas preocupações.

- **OPERAÇÃO**

Sinaliza a perda de um amigo por desgosto ou morte. Se é você mesmo quem sofre a intervenção cirúrgica, significa a perda de bens.

- **ORAÇÃO**

Se for você quem a eleva a Deus ou a algum dos seus familiares ou amigos falecidos, receberá uma justa compensação em benefícios, tanto em dinheiro como no trabalho.

O | 149

- **ORÁCULO**
Não confie em quer interpretar sua vida com exorcismos ou cartas.

- **ORADOR**
Se sonhar com uma pessoa que está pronunciando um discurso, procure livrar-se de quem lhe faz vãs propostas.

- **ORANGOTANGO**
Sonhar com um orangotango, gorila, chipanzé e demais famílias dos grandes macacos é sinal de que saberemos de algum amigo que critica nossos defeitos, ainda que o faça sem má intenção e pode trazer-nos benefícios.

- **ORELHAS**
Se for orelhas fisicamente bonitas é augúrio de êxito. Se limpa suas orelhas, alguém se oferecerá como servidor e amigo. Se ouvir um zumbido, estão murmurando de você. Sonhar com orelhas longas avisa-o com segurança de que vai cometer alguma torpeza; se são curtas, terá que estar atento e não confiar em alguém que pretende enganá-lo. Se estiver sem orelhas significa que vamos receber notícias de luto relativas à perda de uma pessoa querida. Se for orelhas de asno ou de outro animal irracional, é sinal de uma traição.

- **ORFANDADE**
Sonhar que ficou órfão é de mau augúrio, pois está exposto a sofrer um acidente.

- **ÓRFÃO**
Haverá desavenças entre familiares e amigos.

- **ÓRGÃO**
Se se trata de um órgão musical, ouvi-lo indica-nos bem-estar no lar e no trabalho e inclusive pode anunciar-nos um próximo enlace. Não obstante, tocá-lo é sinal de um duelo próximo. Sonhar com órgãos genitais prediz impotência ou esterilidade.

150 | Os Sonhos de A a Z e suas Interpretações

• **OSSOS**

Se os ossos são humanos é presságio de morte de uma pessoa conhecida. Se são de animais, augúrio de más notícias. Sonhar que está roendo ossos prediz lamentáveis sucessos.

• **OSTRAS**

Se em sonho vê ostras, as colhe ou as come, tudo lhe augura boas amizades, êxito em seus negócios e dinheiro ganho.

• **OURO**

Em sonhos, o ouro não significa bem-estar nem paz, nem benefício algum. Se o encontramos, é sinal de trabalhos inúteis. Se o conseguimos, aguardam-nos grandes desgostosvEm geral, vê-lo, achá-lo ou possuí-lo significa vã ambição ou repreensível avareza.

• **OUVIDOS**

Sonhar que ouve significa que alguém tentará falar com você, a fim de propor-lhe algo interessante para ambos. Se zumbem nos ouvidos, receberá más notícias.

• **OVAÇÃO**

Sonhar que é objeto de uma ovação prediz desenganos na vida real.

• **OVELHA**

É um bom presságio sonhar com ovelhas, principalmente se forem suas. Vê-las sacrificar é augúrio de dissabores e lágrimas. Uma ovelha negra, só ou entre o rebanho, é sinal de amores proibidos, dos quais deve procurar se afastar.

• **OVOS**

Se os ovos são brancos, receberá uma grata ajuda. Se estiverem quebrados, sinalizam falatórios, mexericos e pleitos que podem prejudicá-lo muito. Se são ovos duros, terá más notícias.

P

- **PÁ**
Este sonho sinaliza que seguramente sua situação não é tão firme e agradável como merece, mas, com sua constância, conseguirá grandes vantagens.

- **PACOTE**
Sonhar que envia ou recebe um pacote significa que deve esforçar-se e retificar pensamentos, ideais ou modo de ser em sua vida. Terá que cuidar de uma pessoa ciumenta que o vigia constantemente.

- **PACTO**
Sonhar que faz um pacto com o diabo é presságio de êxito que, para sua tranquilidade, deve procurar não conseguir por meios ilícitos.

- **PADIOLA**
Este sonho é um sobreaviso de uma enfermidade ou acidente.

- **PADRE**
Sinal de esperanças. Se falar com eles, receberá boas notícias. Vê-los mortos é augúrio de desgraça.

- **PADRINHO**
Sonhar com padrinho significa próximo batizado ou boda.

- **PAGAR**
Se sonhar que paga os operários, empregados ou pessoas que dependem de você, obterá uma grande recompensa. Se paga seus credores, quer dizer que mudará logo de domicílio. Se cancelar uma dívida, terá tranquilidade e consolo.

152 | Os Sonhos de A a Z e suas Interpretações

- **PAISAGEM**
A interpretação deste sonho é que receberá notícias de uma pessoa querida que está ausente. Também pode anunciar aumento da família.

- **PAJEM**
Se sonhar com um pajem receberá uma proposta amorosa que pode prejudicá-lo e que deve evitar. Mantenha sua segurança e confiança na vida que leva.

- **PALÁCIO**
Se sonhar com um palácio e viver nele, não lhe faltarão problemas que amargurem sua vida.

- **PALHA**
Sonhar que a vê em abundância e bem arrumada é sinal de prosperidade e riqueza; esparramada, significa miséria, e se estiver molhada prognostica aflições ainda piores. Ver queimar palha indica intranquilidade e pesadelo.

- **PALHAÇO**
Sonhar com um ou mais palhaços trabalhando no circo prediz diversão e uma breve alegria.

- **PALMEIRA**
Sonhar com uma palmeira é um bom augúrio de que se concretizarão nossos desejos e ilusões e, com toda segurança, vaticina um matrimônio e êxito no trabalho ou estudos.

- **PÁLPEBRA**
Sonhar com pálpebras indica abundância.

- **PANELA**
Sonhar com este utensílio significa a perda de um grande amor ou amizade.

P | 153

- **PANO**
Se o pano com que sonhamos é fino e de boa qualidade, pressagia que nossa conduta será apreciada. Panos correntes ou vulgares predizem pobreza, que, mesmo honrosa, não nos servirá para nada.

- **PANORAMA**
Sonhar com um belo panorama significa que fará logo uma viagem.

- **PÂNTANO**
Se estiver cheio e limpo pode significar prosperidade. Se estiver vazio e enlameado significa miséria.

- **PANTERA**
Sonhar com uma pantera é sempre um mau presságio.

- **PANTOMIMA**
Se sonhar que representa uma pantomima, terá que procurar aproveitar melhor seu tempo.

- **PANTURRILHA**
Se for bem formada, anuncia-lhe que fará uma viagem. Se for delgada, significa que não mudará seu estado atual, ainda que talvez seja augúrio de amores afortunados.

- **PÃO**
Se o pão que vê ou come for branco significa proveito para o rico e escassez e prejuízo para o pobre; mas, se for escuro, indicará tudo ao contrário. Quem sonha que come pão doce desfrutará de lisonjas e festas familiares.

- **PAPA**
É um bom augúrio sonhar com o papa, pois nos augura que teremos grandes alegrias.

- **PAPAGAIO**
Sonhar com um papagaio significa que não tardará em desmascarar um amigo falso.

154 | Os Sonhos de A a Z e suas Interpretações

- **PAPEL**
Se o papel com que sonha for branco é sinal de alegria. Se se trata de papéis de negócios prognosticam desgosto e pleitos. Sonhar com papéis de carta quer dizer que vai receber boas notícias. Se for de jornal, lhe surgirão dificuldades inesperadas.

- **PARAFUSO**
Ver parafusos ou manipulá-los é augúrio de êxito nos negócios e triunfo nos amores.

- **PARAÍSO**
Se sonhar que se está no paraíso terá felicidade e gratos prazeres.

- **PARALISIA**
Sonhar que está paralisado é um sinal de mau augúrio. Se for um familiar ou amigo, deverá ter cuidado com os negócios que possa propor-lhe essa pessoa.

- **PARAQUEDAS**
Saltar de paraquedas ou ver alguém saltando aponta que logo sairá dos seus problemas e dificuldades.

- **PARDAL**
Significa que devemos reprimir nossos defeitos.

- **PAREDE**
Sonhar que constrói uma parede é sinal de que sua vida terá paz e tranquilidade, sem penas ou agonias, tal como agora vive. Se a vê derrubar, podem realizar-se suas esperanças e ilusões a respeito de uma melhora.

- **PARENTE**
Sonhar com parente pouco favorecido augura acontecimentos tristes e penosos.

- **PARQUE**

Se passeia por um formoso parque significa que gozará de gratas férias. Também prognostica o restabelecimento dos enfermos. Ser o proprietário de um parque é augúrio de contrariedades e misérias, como castigo de nossa vaidade.

- **PARRA**

Se for solteiro indica mudança de estado; se for casado, ajuda.

- **PARTO**

Em geral este sonho indica sorte e tranquilidade. Quanto mais crianças ver nascer, mais fortuna ganhará. Sonhar com um parto feliz pressagia prosperidade. Se for muito difícil e inclusive tenha que recorrer a uma cesariana, terá motivos para temer contrariedades.

- **PÁSCOA**

Se sonhar que está celebrando a tradicional festa da Páscoa, não tardará em ver-se envolvido em infortúnios amorosos. Não obstante, se quem sonha for uma mulher, logo encontrará um homem com o qual terá muitas possibilidades de matrimônio.

- **PASSAPORTE**

Se sonhar que lhe entregam um passaporte significa que a viagem que tinha projetado irá atrasar-se pela chegada de uma notícia ruim.

- **PÁSSARO**

Se o vemos voar, é sinal de felicidade e proveito. Se canta, augúrio de êxito em nossos negócios. Se o matamos espera-nos uma desgraça familiar.

- **PASSAS**

Coletar ou comer passas é um sonho de mau augúrio. Não espere mais do que dissabores e problemas.

156 | Os Sonhos de A a Z e suas Interpretações

- **PASSEIO**
Sonhar que está passeando em companhia de várias pessoas é o anúncio de promessas passageiras que não chegarão a realizar-se.

- **PASTÉIS**
Se for você mesmo quem os elabora, deverá guardar-se das intrigas de algumas pessoas que o rodeiam. Sonhar que os come indica diversões e prazeres sensuais. Fazer ou comer bolos ou pasteizinhos significa gozos e satisfações. Ver crianças comendo-os em uma festa familiar é sinal de que terá de cuidar de seus filhos ou irmãos menores, que poderão ser vítimas de algum acidente lamentável. Se no sonho cai o pastel que está comendo, sobrevirão contrariedades.

- **PASTOR**
Se sonha com um pastor sem rebanho, é indicação clara que logo aparecerá uma pessoa que talvez possa mudar sua vida. Se estiver com o rebanho, significa um possível matrimônio.

- **PATADA**
Se sonhar que dá uns pontapés em alguém receberá algumas pequenas vantagens na sua situação atual.

- **PATÍBULO**
Se se vê nele, o cobrirão de honras e dignidade.

- **PATIM**
Sonhar que patina numa pista ou na neve é sinal de ganhos fáceis. Se cair, patinando, é evidente que terá que procurar não cometer imprudências.

- **PÁTIO**
Sonhar com o pátio da própria casa significa que receberá a grata visita de alguns amigos. Se for muito grande, será augúrio de prosperidade. O pátio de um cárcere anuncia perda de dinheiro.

- **PATO**
Sonhar com pato é sinal de murmúrios e falatórios. Se o cozinha, chegarão benefícios e tranquilidade em sua vida. Sonhar que come pato significa que receberá boas notícias.

- **PAU**
Sonhar com pau é sinal de penas. Apoiar-se nele revela-nos enfermidades. Apelar a alguém é augúrio de benefícios, mas se for você o apelado terá dissabores e pleitos.

- **PAVÃO REAL**
Sonhar com esta ave, símbolo de vaidade e de presunção, significa que estamos rodeados de pessoas falsas e hipócritas. Se o vê procurando seu parceiro augura um matrimônio conveniente e vantajoso. Logo se celebrará uma festa no seu lar em comemoração a um faustoso sucesso.

- **PAVILHÃO**
Ainda que sonhar com um pavilhão seja de mau augúrio, sobretudo ao começar um negócio, se não perder o ânimo ante as contrariedades que possam surgir chegará a triunfar na sua empresa.

- **PAZ**
Se sonhar com ela, isto é, que existe paz tranquilidade no lar, deverá manter sua boa conduta para lograr que perdure.

- **PÉ**
Se sonha com pés limpos é sinal de boas amizades; quando estão sujos, tenha cuidado com as más companhias, das quais deve afastar-se. Sonhar com pés feridos ou cortados prediz penas e dissabores. Se estiverem atados, é augúrio de paralisia. Beijar os pés de uma pessoa é uma amostra clara de humildade. Sonhar que tem um pé fraturado pressagia fracasso nas viagens ou nos negócios.

158 | Os Sonhos de A a Z e suas Interpretações

- **PEDRA**
Sonhar que lança pedras significa sofrimento por ciúmes. Se caminha sobre elas, quer dizer que sofrerá contrariedades na sua vida.

- **PEDRADA**
Tanto se é você quem a dá como se a recebe revela amoricos e aventuras fáceis com mulheres de conduta duvidosa.

- **PEDRAS PRECIOSAS**
Os sonhos relacionados a pedras preciosas, tem, via geral, maus augúrios; naturalmente há exceções ou interpretações mais otimistas, se só se veem, se tocam ou se brilham. Eis aqui o que algumas delas vaticinam: ametista, satisfações passageiras; berilo, amores, ainda que custosos; coral, perigo no mar; diamantes, triunfo fugaz no negócio; esmeralda, êxito; granada, felicidade depois de árduos trabalhos; lápis-lazúli, amor correspondido; opala, maus presságios; rubi, aventuras amorosas prejudiciais; topázio, êxito; turquesa, ganhos depois de árdua luta e safira, favores e amizade.

- **PEDREIRO**
Pressagia contrariedade e fadiga. Esperanças sem resultado.

- **PEITO**
Se o peito do homem com quem sonha é peludo, indica prosperidade e ganhos. Se for uma mulher quem sonha for está casada, pressagia uma viuvez inesperada.

- **PEITOS**
Femininos e exuberantes indicam saúde e longa vida. Peito transpassado por alguma arma é augúrio de más notícias.

P | 159

- **PEIXE**
Se os peixes com que sonha são grandes é sinal de abundância e prosperidade. Se são pequenos, indica escassez. Se se trata de peixes coloridos receberá más notícias de um amigo gravemente enfermo. Sonhar que come peixe é um mau presságio de tristeza e melancolia.

- **PELE**
Se se trata de uma pele branca, é sinal de dificuldades que irão se desvanecendo paulatinamente. Se for negra, está avisando de que deve economizar para que evite mal-estar no futuro. Se for uma pele amarela, é prognóstico de penas. Se a pele é de um animal, é sinal de dinheiro.

- **PELEJA**
Se sonhar que luta contra um familiar ou amigo, tenha com segurança que seu opositor o ajudará a remediar sua situação ou colaborará com seu negócio. Se as pessoas com quem peleja são desconhecidos, anunciam que receberá más notícias. Se a disputa ocorre entre marido e mulher ou entre noivos, quer dizer que receberá um presente.

- **PELETERIA**
Se se trata de peles de luxo para a mulher que sonha com elas, prognostica riqueza. Se for um homem, será sinal de estancamento na sua situação. No caso de estarem deterioradas, seria augúrio de despeito e contrariedades amorosas.

- **PENACHO, COCAR**
Um formoso penacho anuncia riquezas inesperadas. Quanto mais rico e formoso for, maiores serão os benefícios. Não obstante, em algum caso pode significar sofrimento.

160 | Os Sonhos de A a Z e suas Interpretações

- **PENAS**
Se sonhar que sente uma profunda pena não se preocupe, já que receberá imediato consolo. Se for você quem as provoca entre os familiares, será você mesmo quem as remediará entre as pessoas afetadas por elas.

- **PENDENTES**
Se os pendentes são de valor, de ouro e com pedras preciosas, significam para a mulher que sonha com eles um aviso de desonra que não se imagina nem espera. Se for casada, terá grandes desgostos com seu esposo, a menos que procure evitá-las com prudência e tratando-o com carinho.

- **PENEDO**
Sonhar simplesmente com um ou mais penedos está avisando-o de que se envolverá em infidelidades que podem ocasionar-lhe graves consequências. Este sonho revela amores proibidos, faça com que não sejam descobertos.

- **PENHASCO**
Se sonharmos que nos achamos no cimo de um penhasco, logo se realizarão nossos maiores desejos. Se subimos nele, é um bom augúrio para nossas aspirações. Sonharmos que descemos dele com violência é sinal de contrariedades.

- **PENSAMENTO**
Se o sonho se refere à mística flor, é sinal de que alguma pessoa ausente lembra-se de você com carinho.

- **PENTE**
Sonhar apenas com um pente prediz desavenças matrimoniais. Se o presenteia, vaticina-lhe a criação de uma boa amizade com uma pessoa do sexo oposto.

P | 161

- **PENTEADO**
Pentear uma pessoa indica que haverá brigas e desgosto, exceto se for uma criança, que é augúrio de boa saúde para seus filhos e êxito nos seus estudos.

- **PENUGEM**
Sonhar que tem muito pelo no corpo indica que receberá gratas notícias e uma respeitável quantidade de dinheiro.

- **PEPINO**
É um claro aviso de que sofrerá penas sentimentais que deixarão profundas marcas no seu coração. Oferecê-lo a um desconhecido é sinal de que, involuntariamente, causará penas ou desgosto a um familiar ou amigo que verdadeiramente estima.

- **PERA**
Sonhar que come peras muito maduras é um augúrio de gratas satisfações e, talvez, possa ser este sonho o anúncio de bodas, se for solteiro. Se as peras estão verdes, significa que passará alguns dias com nervosismo, que se dissipará logo com sua vontade e esforço.

- **PERCEVEJOS**
Prepare-se para passar por uma vergonha que lhe causará um grave desgosto.

- **PERDER**
Se se perde ou num caminho ou numa cidade terá obstáculos surgirão subitamente. Entretanto, se perder um objeto, será augúrio de um feliz achado.

- **PERDIZ**
Sonhar com esta ave revela relações e amizades prazerosas. Matá-la alerta-nos sobre enganos ou fraudes por parte de um amigo ou sócio. Se estiver comendo perdiz, é um sinal de riquezas, ainda que também possa interpretar como uma depressão por algum acontecimento imprevisível.

162 | Os Sonhos de A a Z e suas Interpretações

- **PERDOAR**
Conceder o perdão a uma pessoa por má ação é um mau augúrio de penas e luto.

- **PEREGRINAÇÃO**
Sonhar que participa duma peregrinação indica que está passando por alguns momentos de intranquilidade e preocupação. Se separar-se dos peregrinos, seguramente conseguirá afastar os pensamentos que o agoniam.

- **PEREGRINO**
É um bom presságio sonhar com um peregrino, desde que não seja você. Anuncia que logo fará uma viagem.

- **PERFUME**
Sonhar que anda muito perfumado significa que receberá notícias ingratas de perdas e fracassos. Se quem sonha com perfume é uma mulher, quer dizer que o homem que ama a engana com outra.

- **PERGUNTAS**
Indício de curiosidades e torpes receios.

- **PERIGO**
Sonhar que corre um perigo é um bom augúrio de que sua situação melhorará, desde que trabalhe para conseguir.

- **PERIQUITO**
Sonhar com um periquito é sinal de que sofrerá contrariedades provenientes de mentiras e calúnias de algum amigo ou vizinho.

- **PERMISSÃO**
Sonhar que solicita uma permissão para ir ao exterior ou estabelecer um negócio é augúrio de alegria e prazeres, ainda que de curta duração.

- **PERNA DE PAU**
Seja prudente nos seus atos e comportamento, se não quiser cometer um grave erro de insuspeitas consequências.

- **PERNA**
Se sonhar com pernas fortes e bem formadas, realizará uma viagem feliz.; se estiverem inchadas ou machucadas, é sinal de desentendimentos e prejuízos. Uma perna de madeira significa a perda de um amigo que nos protegeu. Se estiver amputada é um mau augúrio de enfermidade ou morte.

- **PÉROLA**
Sonhar com pérolas adverte-nos de que virão tristezas, penúria e fome. Se estiver fazendo um colar, o prognóstico não será tão lamentável, ainda que, de qualquer modo, seja um sinal de solidão, decadência e fastígio. Se as pérolas forem falsas, revelarão perda de ilusões.

- **PERSEGUIÇÃO**
Sonhar que é perseguido por uma pessoa ou um animal pressagia enganos no terreno amoroso.

- **PERSONALIDADE**
Sonhar que recebe a visita de uma personalidade é sinal de honra e considerações. No geral, ver uma pessoa que ocupa altos cargos indica alegria e consolo nas desgraças que possam afligi-lo.

- **PERUCA**
Anuncia que sofre ou sofrerá de um reumatismo e, portanto, terá que se cuidar.

- **PESADELO**
Este sonho augura infidelidade do tipo conjugal.

164 | Os Sonhos de A a Z e suas Interpretações

- **PESCADO**
Vaticina que não tardará em lograr um bom emprego e ganhos que melhorarão seu atual estado de vida.

- **PESCAR**
Sonhar que é você mesmo quem pesca ou vê outra pessoa pescando com vara é mau augúrio, já que pressagia miséria. Se pescar com rede, é sinal de que melhorará seu estado ou situação, e quanto mais peixes, melhor.

- **PESCOÇO**
Se sonhar que é você quem tem um pescoço muito longo se verá metido num grande compromisso, cujas consequências terá que pagar. Se o pescoço é bonito e suave, anuncia-lhe boas notícias.

- **PESO**
Sonharmos que levantamos grandes pesos quer dizer que nossos esforços merecerão um justo prêmio.

- **PESTE**
Se for atacado por esta terrível enfermidade significa que logo alcançará uma invejável situação em que vai receber muito dinheiro, por herança, presente ou graças à loteria.

- **PETARDO**
Sonhar que é você mesmo quem o lança numa reunião de pessoas indica que deve perseverar no seu trabalho para alcançar uma situação invejável.

- **PETROLEIRO**
Sonhar com petróleo significa que deve estar alerta para evitar algum incêndio.

- **PIA**
Se se trata de uma pia de água benta, vaticina o fim de nossas penas e aflições.

P | 165

- **PIANO**
Ver um piano no seu sonho significa que terá um período de felicidade fugaz. Se você o toca ou ouve alguém tocando, é augúrio de inimizades.

- **PICARETA**
Sonhar com esta ferramenta significa que é uma pessoa ativa e trabalhadeira. Desconfie se conseguir dinheiro jogando na loteria, já que terá de lograr sua sorte e bem-estar no trabalho honrado à base de sacrifícios.

- **PÍCARO**
Sonhar com uma pessoa conhecida, cuja vida esteja manchada por falsidades e más intenções, é sinal de que há alguém detido ou em processos judiciais a quem temos de ajudar ou socorrer o quanto possível.

- **PICAR-SE**
É um mau sonho que você mesmo se pique com uma agulha, já que é um presságio de contrariedades, instabilidade na sua atual situação e, inclusive, descrédito pessoal.

- **PICO**
Se se trata do pico de uma montanha, augura-nos êxito em nosso trabalho.

- **PILHAGEM**
Sonhar que participa de um ato de pilhagem avisa-o de que deve estar muito atento para libertar-se dos ladrões.

- **PIMENTA**
Se a usa como condimento em alguma comida é um alerta de algum perigo.

166 | Os Sonhos de A a Z e suas Interpretações

- **PINGUIM**
Se tiver projetos ou negócios para trabalho e sonha com pinguins, passará por dificuldades que, por sorte, se remediarão em breve.

- **PINHA**
Sonhar com uma pinha ou comê-la em sonhos vaticina desgosto e desavenças no lar.

- **PINHEIRO**
Sonhar com pinheiros assegura-lhe um bom estado de saúde. Se cortá-lo, receberá más notícias.

- **PINTA**
Sonhar que tem uma pinta escura no rosto prediz aborrecimentos e críticas mordazes por parte das suas amizades.

- **PINTAR**
Se for você quem pinta, é um sinal de longa vida. Se for outra pessoa pintando, significa que terá um afortunado encontro com um amigo.

- **PINTURA**
Terá que decifrar o sonho de acordo com as cores, definindo como bom augúrio as claras, que significam alegria e bem-estar, enquanto as mais escuras sinalizam penas e quebrantos.

- **PIOLHO**
Quem sonha com piolhos receberá, seguramente, dinheiro em abundância.

- **PIRÂMIDE**
Quem sonha que escala uma pirâmide até seu ápice obterá renome, fortuna e grandes riquezas.

- **PIROGA**
Sonhar com uma piroga é um aviso de que terá de tomar medidas para livrar-se de dissabores que podem prejudicá-lo.

P | 167

- **PIROTECNIA**
Ver em sonho castelos de fogos artificiais significa que haverá grandes mudanças na sua família, como viagens, bodas e uma mudança notável na sua atual forma de viver.

- **PISADAS**
Sonhar que vê rastros de pisadas tem várias interpretações, como um assunto que pode beneficiá-lo muito, ou a descoberta de um importante segredo que não esperava ou, talvez, será vítima de uma grande traição por parte de uma pessoa muito querida.

- **PISAR**
Sonhar que pisa no chão descalço prediz valiosos negócios.

- **PISCINA**
Se for de água limpa e no seu sonho a vê ou está dentro dela é um presságio de feitos gratos. Se estiver turva, vaticinará contrariedades e desgosto.

- **PISTOLA**
Simplesmente ver uma pistola é um augúrio de poder e de superioridade, ainda que pressagie falsos proveitos. Sonhar que a está carregando significa que está pensando em prejudicar uma pessoa que até agora foi seu amigo. Se a dispara, indica cólera de sua parte e pode ser que receba notícias que irão comovê-lo.

- **PLANETA**
Sonhar com um planeta que muito brilhante é um bom augúrio que prediz êxito.

- **PLANÍCIE**
Sonharmos com uma grande planície ou se caminhamos por ela é um indício de benefícios em nosso trabalho e prosperidade nos negócios.

168 | Os Sonhos de A a Z e suas Interpretações

- **PLANO**

Se em sonhos concebeu um bom plano de trabalho ou de negócios, não duvide em pô-lo em prática, com a segurança de sair triunfante.

- **PLANTA**

Sonharmos com plantas verdes e saudáveis nos prognosticam uma vida feliz e uma saúde magnífica.

- **PLANTAÇÃO**

Ver uma plantação ou estar nela, sejam quais forem as plantas que ali crescem, significa que logo terá a ajuda eficaz de uma pessoa.

- **PLANTAR**

Se em nossos sonhos somos nós mesmos que estamos numa horta ou num jardim plantando árvores, verduras ou flores, nossos projetos de trabalho, negócios ou inversões terão o êxito assegurado.

- **PLEITO**

Se em sonhos é ator ou simplesmente testemunha de um pleito é um sinal de tempo e interesses perdidos inutilmente.

- **PLUMAS**

Se forem brancas, auguram dinheiro. Negras significam estancamento na felicidade que esperamos. Sonhar com plumas de cor amarela pressagia desgosto. Se se trata de plumas verdes é um sinal de quebrantos. Quando estão sujas, significa que virão desgraças. Vê-las voar é sinal de festa.

- **PÓ**

Se estiver aplicando pó no rosto para ficar mais bonita do que é é um sinal de sedução. Se for pó do caminho, talvez, na sua casa, augura um risco de afecção na garganta.

- **POBRE**
É sinal de boa fortuna para você, principalmente se o ajuda com uma esmola. Ser você for o pobre é indício de felicidade passageira.

- **POÇO**
Se a água estiver limpa é um presságio de boa fortuna. Caso esteja turva, ocorrerá perdas. Sonhar que está tirando água de um poço prognostica uma boda por conveniência. Se cair dentro dele, sofrerá desonra e humilhações.

- **PODAR**
Sonhar que está podando uma árvore ou arbusto é sinal de míngua nos seus interesses e que deve escolher com cuidado novas amizades, para que mais adiante não tenha que "podá-la".

- **PODRIDÃO**
Sonhar com alimentos, substância ou corpos em estado de decomposição é um mau augúrio: seu estado de saúde não está muito bom e deveria cuidar-se, especialmente o sistema digestivo.

- **POLICHINELO**
Se sonhar com polichinelos, procure não divulgar seu segredo ou situação entre pessoas que tem por bons amigos e não são.

- **POLÍCIA**
Se sonhar que a polícia o persegue, por falta ou delito que tenha cometido, vai receber uma inesperada ajuda que deverá aproveitar em seu benefício.

- **POLTRONA**
Repousar nela é anúncio de um magnífico emprego. Se a pessoa que sonha é de idade avançada, significa que terá paz e tranquilidade, ainda que deva abster-se dos seus vícios.

170 | Os Sonhos de A a Z e suas Interpretações

- **POLVO**
Sonhar com polvos sinaliza que certo indivíduo a quem detestamos e que nos resulta insuportável trata de fazer a vida molesta e pesarosa.

- **PÓLVORA**
Sonhar com este explosivo é presságio de violências ou talvez de algum encontro desagradável.

- **POMBA**
Sonhar com pombas no seu ninho indica uma boda próxima. Tê-la na mão ou sobre os ombros é um bom presságio de obter benefícios, além de paz e de bem-estar.

- **POMBAL**
Prediz que deve vigiar estritamente seus filhos.

- **PONTE**
Sonhar que passa por uma é sinal de trabalho. Se se trata de uma ponte de madeira, é augúrio de más notícias. Se estiver em ruínas e for insegura, teremos de estar alerta sobre alguém que queira prejudicar-nos. Atravessar uma ponte levadiça, por exemplo, de uma antiga fortaleza, significa que descobriremos um segredo que poderá beneficiar-nos.

- **PORCELANA**
Sonhar com objetos de porcelana significa um casamento venturoso. Se estiverem quebrados, existe uma ameaça de pelitos, desavenças e contrariedades.

- **PORCO**
Augura enfermidades e penas.

- **PORTA-MOEDAS**
Este sonho previne-o de que deve procurar dedicar-se com mais afinco ao trabalho ou negócios, do contrário, diminuirão.

Sonhar com um porta-moedas vazio é sinal de próximos ganhos. Entretanto, se estiver cheio, é um indício de contrariedades.

- **PORTA**
O ato de abrir uma porta prediz êxito em nosso trabalho ou negócio, que assegurará nossa atual posição. Sonhar com uma porta fechada é augúrio de dificuldades com os amigos e discussões com a esposa ou familiares. Sonhar que a derruba é um presságio de más notícias. Se estiver pintando uma, logo mudará de domicílio ou de trabalho.

- **PORTA-FÓLIO**
Ver em sonho que leva um porta-fólio demonstra que está angustiado por dívidas e compromissos.

- **PORTEIRO**
Sonhar com o porteiro de nossa casa é sinal de mexericos e maledicência.

- **PORTO**
Sonhar que está num porto vaticina que se envolverá numa briga ou confusão completamente alheia a você. Também pode significar a chegada de boas notícias que o alegrarão.

- **POSTIÇOS**
A pessoa que sonha com postiços, peruca, barba, bigode, etc., logo se dará conta de que alguém em quem confiava o está enganando.

- **POUSADA**
Se sonhar que é o dono de uma pousada sofrerá sérias contrariedades. Se estiver nela como hóspede, augura que terá motivos de preocupações. Ver ou falar com o hospedeiro significa que realizará uma viagem.

172 | Os Sonhos de A a Z e suas Interpretações

- **PRAÇA**
Sonhar que vemos uma praça ou estamos nela quer dize que as aflições ou inconvenientes que agora nos preocupam não tardarão em desaparecer.

- **PRAIA**
Sonhar com uma formosa praia de areias suaves vaticina alegria e festas.

- **PRANCHA**
Se for uma pessoa de negócios, caso tenha algum pleito, deve procurar solucioná-lo por meios amistosos, sem chegar a nenhum tipo de violência, o que poderia prejudicá-lo.

- **PRANTO**
Chorar pressagia alegrias. Se vê muitas pessoas chorando é augúrio de uma calamidade pública, que não irá afetá-lo.

- **PRATA**
Se nos sonhos encontramos prata, prediz que gozaremos de uma longa vida. Se sonharmos que a vendemos, faremos magníficos negócios.

- **PRATOS**
Ver em sonhos um prato repleto de comida é sinal de uma próxima boda. Se sonharmos com pratos quebrados, perderemos uma boa amizade de muito tempo. Se estiverem sujos, seremos feridos em nosso amor-próprio. Sonhar com uma pilha de pratos só nos trará desesperança e fracassos.

- **PRECIPÍCIO**
Cair num precipício é augúrio de graves perigos e catástrofe moral. Se somente o vemos, a má sorte irá embora. Ver um amigo que cai significa que ele está em má situação e deve ajudá-lo.

- **PREGADOR**
Sonhar com um pregador dando bons e belos conselhos num sermão prediz alegria para sua alma e contentamento para seu coração. Se o sermão for muito extenso e pesado, indica que terá discussões políticas ou religiosas com amigos que poderão causar-lhe algum desgosto.

- **PREGOEIRO**
Ver este homem ao lançar seu pregão na praça do povoado augura desavenças conjugais. Procure ir com muito tato para evitá-las.

- **PREGOS**
Sonhar com pregos é presságio de fala-fala contra nosso procedimento e dignidade; mas se é você quem os está cravando, pessoas que possam tê-lo menosprezado virão se desculpar.

- **PRÊMIO**
Se ganha um prêmio, vaticina alegria e contentamento e será uma honra para quem o recebe.

- **PRESÍDIO**
Sonhar que uma pessoa amiga está presa significa que ela acaba de conseguir uma melhor situação no seu atual estado. Se sonhar que está internado nesse terrível lugar, é sinal de que deve proteger-se de certas amizades que podem prejudicá-lo.

- **PRESTAMISTA**
Tenha por seguro que haverá uma mudança favorável em sua vida. Se sonhar que está lutando contra ele por questões de dinheiro, claramente lhe indica que deverá retificar sua atual conduta com seus familiares, já que está comportando-se incorretamente com eles.

174 | Os Sonhos de A a Z e suas Interpretações

- **PRESTIDIGITADOR**
Este sonho alerta-nos a respeito de familiares ou amigos que querem aproveitar-se da nossa bondade para jogar-nos uma má partida.

- **PRESUNTO**
Se sonhar que o está cortando, logo receberá um obséquio ou recompensa. Se o vende, significa aumento da família ou de fortuna.

- **PRIMAVERA**
Sonhar com a chegada da mais bela estação do ano é um bom augúrio de que experimentará uma grata felicidade, ainda que seja breve e passageira.

- **PRIMO**
Sonhar com um primo, é sinal de que logo se celebrará um matrimônio no seio da família. Se se trata de uma prima, significa que terá alguma aventura amorosa, mas com uma pessoa que não lhe convém.

- **PROCISSÃO**
Presenciar uma procissão indica felicidade e longa vida. Participar dela indica um brilhante futuro se quem sonha for jovem; no caso de uma pessoa de idade, vaticina-lhe uma velhice tranquila.

- **PROFECIA**
Não se deve fazer caso das profecias, a menos que se manifestem com toda clareza.

- **PROFESSOR**
Sonhar que é professor e ministra aulas aos seus alunos significa que não tardará em sair airoso das suas preocupações e dos problemas que tem na atualidade.

- **PROFISSÃO**
Sonhar que adquire uma profissão em qualquer tipo de trabalho anuncia uma sorte inesperada.

PROMESSA

Sonhar que faz uma promessa a um santo da sua devoção, de quem espera um favor ou milagre, indica que será correspondido em breve.

PROMETIDO

A pessoa que sonha que se comprometeu com uma jovem não tardará a se casar.

PROPRIEDADE

Se em sonho vê que, por herança ou presente, recebe uma casa ou terreno, muito em breve se realizará um matrimônio muito proveitoso. Quanto maior ou extensa for a herança, maiores hão de ser suas vantagens.

PROPRIETÁRIO

Sonhar que é proprietário de uma ou várias casas significa que seu atual estado de vida mudará. Sonhar com o proprietário de imóvel que habita augura contrariedades no trabalho ou nos negócios que possua.

PROTEÇÃO

Solicitar a proteção de alguém pressagia fracassos e humilhação. Se for você quem a oferece a outra pessoa, indica que, talvez, tenha que solicitá-la.

PROTESTO

Sonhar que levanta um protesto por algo que considera injusto ou ver em sonhos um grupo de pessoas que o fazem tumultuosamente augura preocupações por falta de dinheiro para sair das suas dívidas e compromissos.

PROVISÕES

Fazer seu aprovisionamento, temendo a escassez de algum artigo no mercado, significa que não tardará em receber satisfações.

176 | Os Sonhos de A a Z e suas Interpretações

- **PRUDÊNCIA**
A pessoa que sonha que se comporta prudentemente há de procurar continuar fazendo-o.

- **PULGA**
É sinal de desgosto e contrariedades que nos trarão muitas complicações. Se o picam, indicam que é objeto de murmúrios na vizinhança.

- **PULMÃO**
Se em sonho doem-lhe os pulmões é anúncio de enfermidade. Ver um bofe, quer dizer, o pulmão de um animal, num açougue, significa que receberá uma visita inesperada, não precisamente de uma pessoa que lhe é grata, mas que poderá favorecê-lo quando menos o espera.

- **PÚLPITO**
Estar num púlpito significa que logo receberá uma agradável surpresa que redundará em bem-estar e dinheiro.

- **PUNHAL**
Ver um punhal em sonhos anuncia-nos a próxima chegada de gratas notícias de pessoas a quem estimamos. Se virmos alguém que leva um punhal, é augúrio de bons negócios. Se no seu sonho se vê ferido por uma punhalada, é presságio de fraudes ou enganos.

- **PUNHO**
Sonhar que tem um punho ferido ou doloroso é augúrio de más notícias. Se se trata dos punhos de tecido da camisa, por exemplo, comprá-los é sinal de um matrimônio feliz. Trazê-los e destacá-los numa roupa indica que receberá felicitações que alongarão sua vaidade.

- **PUPILA**
Se forem grandes, logo lhe chegarão gratas notícias de uma pessoa que há muito tempo não via. Se forem pequenas, é augúrio de indiferença e desprezo.

- **PURGA**
Tomar uma purga é sinal de que logo se esclarecerá a situação ruim em que está.

- **PÚRPURA**
Sonhar com esta cor é um presságio de honras, triunfos e doces amores que serão correspondidos.

- **PÚSTULAS**
Sonhar que as tem no corpo vaticina que conseguirá grandes e inesperadas satisfações.

Q

- **QUADRO**
Sonhar com belos e valiosos quadros é indício de bem-estar na saúde e na sua situação. Se representam temas tristes e dolorosos, pressagiam infidelidade.

- **QUARTEL**
Este sonho simboliza amor à pátria.

- **QUEBRA**
Uma quebra do seu negócio significa que terá boa sorte, ou porque receberá uma herança ou porque ganhará um ótimo prêmio na loteria.

- **QUEDA**
Sonhar que cai é o anúncio de que se avizinha uma desgraça. Se a queda é no mar, indica sobressaltos.

- **QUEIJO**
Sonhar com queijo é augúrio de contrariedades. Se o come, quer dizer que receberá breves e insignificantes benefícios.

- **QUEIXADA, MANDÍBULA**
Sonhar com queixadas perfeitas vaticina boa saúde e afetos sinceros. No caso de que uma apareça quebrada, prediz acidente, ainda que não grave. Se for uma mulher quem sonha e que está fraturada, inclusive sangrando, se altercará com uma pessoa achegada.

- **QUEIXAS**
Quer seja você quem as faz ou outra pessoa, procure não imiscuir-se nos assuntos alheios, levado pelo seu espírito conciliador, visto que não lhe aportará benefício algum.

- **QUERELA**
Se a querela for entre homens, vaticina ciúmes. Se surge entre mulheres, prediz penas e tormentos. Se for entre um homem e uma mulher, trata-se de relações amorosas.

- **QUERIDA**
Uma querida ou amante que apareça em sonhos avisa-nos de que devemos dedicar mais tempo e amor para cuidar de nosso lar.

- **QUIMONO**
Sonhar com um quimono ou usá-lo significa que é uma pessoa um pouco vaidosa e deve corrigir seu modo de ser.

- **QUINA, LOTERIA**
Jogar uma quina expõe esperanças frustradas. Se a acerta, minguará seu dinheiro.

- **QUINTA**
Uma quinta frondosa com belos trigais ou plantações numa clara demonstração de bem-estar, herança ou enlace vantajoso.

- **QUIOSQUE**
Sonhar com um quiosque trata-se de uma aventura campestre em que o amor jogará seu principal papel.

- **QUISTO**
É sinal de que deve fazer um exame de consciência e pôr as coisas em seu lugar, do contrário, se arrependerá.

R

- **RÃ**
Se sonhar que ouve o coachar das rãs deve desconfiar de algumas pessoas que o rodeiam e o lisonjeiam, já que podem prejudicá-lo com sua inveja. Se as come é um símbolo de prosperidade.

- **RABANETES**
Se sonhar com rabanetes, em breve receberá gratas notícias. Comê-los indica uma vida aprazível e serena. Se a pessoa que sonha estiver enferma, logo se restabelecerá.

- **RABO**
Quem sonha com um rabo receberá muitas boas notícias ou talvez um inesperado obséquio.

- **RAIO**
Ver em sonhos um raio em meio da tempestade é indício de desavenças conjugais e advento de enfermidades. Se cai sobre você, vaticina um grave acidente.

- **RAIVA**
Uma pessoa ou um animal raivoso recorda-nos de que em nosso coração aninham-se sentimentos de vergonha, os quais haveremos de esquecer, se não quisermos viver num sobressalto contínuo.

- **RAIZ**
Sonharmos com raízes é um aviso de que temos de ordenar nossa vida, para que nos sintamos com a força e a segurança de triunfar sobre nossas adversidades.

R | 181

- **RAMAGEM**
Sonhar com uma ramagem florida vaticina fortuna. Se a rompemos, nos trará perda de dinheiro.

- **RAMALHETE**
Receber em sonhos um bonito ramalhete prediz pequenas satisfações. Se você o oferece indica notícias falsas.

- **RAMEIRA**
Qualquer mulher pública augura que receberemos honras e benefícios.

- **RAMOS**
Ver ramos verdes é anúncio de que por fim achará o apoio e a ajuda que durante tanto tempo andava buscando. Se os ramos com que sonha estão secos, será objeto de mentiras e falatórios por parte de seus companheiros de trabalho. Vê-los no sonho significa que se frustrarão seus planos.

- **RAMPA**
Uma rampa quebrada é sinal de desesperança e desenganos. Se for como as dos teatros, é augúrio de aventuras amorosas.

- **RANCHO**
Se sonhar com um rancho ou fazenda em plena produção, tenha por seguro que seu trabalho se verá recompensado. Se esta propriedade estiver descuidada e for improdutiva, se sentirá apenado e desfalecido.

- **RAPOSA**
Ver em sonhos uma raposa alerta-nos de traições e maldades. Se estiver correndo, deveremos ter cuidado com os empregados que nos rodeiam. Se a perseguimos, significa que alguém quer estafar-nos ou roubar-nos. Se a raposa está espreitando alguma presa, é augúrio de enfermidade. No caso de matá-la, revel a traição de um falso amigo.

182 | Os Sonhos de A a Z e suas Interpretações

- **RAPTO**
Sonhar que rapta uma pessoa ou que o raptam significa que logo receberá propostas matrimoniais.

- **RAQUETA**
Ver uma raqueta em sonhos augura contrariedades e desgosto, assim como mexericos sobre segredos da família.

- **RASTILHO**
Usar um rastilho em sonhos indica prosperidade e triunfo no trabalho e nos negócios.

- **RATA**
Sonhar com ratas ou ratões indica sempre traição. Tome cuidado com os que o rodeiam: empregados ou serventes que querem prejudicá-lo e também com algum amigo dos que o adulam, porque traz más intenções.

- **REALEJO**
É um sonho com mau prognóstico, visto que nos anuncia o falecimento de um familiar.

- **REBANHO**
Sonhar com um rebanho formado por diferentes classes de animais é sinal de saúde e de satisfações, assim como de uma breve aventura amorosa.

- **RECEBER**
Sonhar que recebe um ramo de flores simboliza uma boa e firme amizade por parte da pessoa que lhe envia. Se no seu sonho recebe a vista de algum desconhecido, desconfie de alguém estranho que chegue a você oferecendo-lhe negócios lucrativos.

R | 183

- **RECIBO**
Sonharmos que nos apresentam um recibo significa que teremos de pagar uma dívida. Se for você quem o entrega, quer dizer que há alguma pessoa que nos deve dinheiro e que logo o devolverá a você. Perder recibos significa abandono e negligência.

- **RECOMPENSA**
Se for um homem quem sonha que recebe uma recompensa, lhe farão um valioso obséquio. No caso de ser uma mulher, é sinal de grata satisfação e contentamento, já que seu amor será correspondido.

- **RECONCILIAÇÃO**
Sonhar que nos reconciliamos com um familiar ou amigo indica-nos que teremos de ser pacientes em discussões ou desgosto que possam sobrevir-nos.

- **RECORTAR**
Recortar papéis ou telas augura que seus desejos e esperanças se verão logo realizados.

- **RECRUTA**
Se quem sonha se vê vestido com o uniforme de recruta, logo voltará a paz com seu cônjuge ou com a pessoa com quem está prometido.

- **REDE**
Estar deitado numa enxerga vaticina misérias. Se tem algum plano próximo a realizar-se, há que ter cuidado parar evitar um fracasso. Mexer-se nela prognostica notícias de uma pessoa que vive longe. Somente vê-la, é augúrio de uma viagem. Ter uma rede significa que logo se verá envolto em litígios que, se não atuar com cautela, poderão acarretar-lhe muitos problemas.

- **REDUTO**
Sonhar com um reduto quer dizer que os invejosos e inimigos que o ameaçavam logo cairão eliminados.

184 | Os Sonhos de A a Z e suas Interpretações

- **REFRESCO**
Se em sonho está tomando um refresco, se produzirá uma notável melhora e prosperidade no seu trabalho ou negócios.

- **REGADOR**
Sonhar que o regador está cheio de água augura bem-estar e tranquilidade. Se estiver vazio, avisa-o de situações violentas e desagradáveis. Regar flores com ele pressagia um firme amor; se o que rega são verduras e hortaliças, desconfie de uma pessoa que o redeia.

- **REGALO**
Receber ou oferecer um regalo prognostica que lhe chegarão lucros ou boas notícias que o alegrarão.

- **REGAR**
Sonhar que está flores num jardim ou na sua casa augura sorte no amor. Caso esteja regando legumes ou verduras, terá que ficar alerta e proteger-se contra falatórios e mexericos. Regar a rua pressagia penas e contrariedades.

- **REGIMENTO**
Ver desfilar um regimento significa que receberá notícias de um militar ausente.

- **REGISTRO**
Sonhar que termina um registro de forma ordenada prediz claramente que os assuntos domésticos vão bem. Se se trata de um registro desordenado, sinaliza tudo ao contrário.

- **REGOZIJO**
Se em sonhos sentimo-nos alegres e em regozijo, vaticina penas e dores.

- **REGRESSO**
Sonhar que regressamos a nossa casa, junto à família, depois de longa ausência quer dizer-nos que logo teremos um agradável encontro com uma pessoa estimada.

- **REI**
Sonhar com um rei quer dizer que estamos rodeados de más pessoas que querem prejudicar-nos. Ver em sonhos um rei morto é um bom sinal, já que logrará um alto cargo ou uma herança inesperada.

- **REINO**
Sonhar com um reino significa fracasso das esperanças mal fundadas. Mas não deveremos desanimar-nos, já que a constância tudo vence.

- **REJUVENESCER**
Quando no seu sonho se sente mais jovem do que realmente é, indica alegria e satisfações.

- **RELÂMPAGO**
Sonhar com relâmpagos em geral significa crianças e querelas, assim como discórdias no seio da família.

- **RELEVO**
Sonhar que é relevado num trabalho pode ser sinal de que será objeto de atenções por parte dos amigos. Se for você quem releva outra pessoa, haverá de ter confiança em si e nada poderá abatê-lo.

- **RELIGIOSO**
Sonhar com um religioso, quer dizer, um frade ou uma monja, vaticina-nos que receberemos ajuda e consolo em nossa dor ou necessidades.

- **RELÍQUIA**
Este sonho avisa-nos de que devemos procurar cuidar de nossos bens, se não quisermos correr o risco de cair na miséria.

186 | Os Sonhos de A a Z e suas Interpretações

- **RELÓGIO**
Sonhar que dá corda num relógio indica uma próxima reconciliação com a esposa, noiva ou amigos. Receber em sonhos um relógio como presente pressagia penas e contrariedades. Se for você que presenteia alguém, evitará com isso um contratempo.

- **RELOJOEIRO**
Se no sonho for você o relojoeiro, elimine pequenos assuntos que o molestam e o preocupam, já que podem prejudicá-lo.

- **REMAR**
Se no nosso sonho estamos remando, sofreremos penas e angústias. Se virmos remar outras pessoas, receberemos boas notícias.

- **REMELAS**
Se sonhar com remelas ou que tem os olhos remelentos, não tardará em ter más notícias de um amigo ou de quem quer bem.

- **REMENDO**
Vestir uma roupa com remendos ou ver alguém que os traz significa que teremos uma decepção que nós mesmos a buscamos.

- **REMO**
Sonhar com remos revela que há gente que quer prejudicar-nos, devemos andar com cuidado. Um remo quebrado augura graves perigos.

- **RENDA**
Deixar de cobrar um rendimento prediz aumento de fortuna.

- **RENDA**
Ver ou possuir rendas significa que logo e de forma satisfatória se realizarão seus projetos amorosos e melhorará sua posição.

- **REPIQUE**
Ouvir em sonhos um repique de sinos demonstra que é uma pessoa muito vaidosa. Procure mudar.

- **REPOUSO**
Sonhar que está placidamente repousando é indício de acasos e perseguições.

- **REPREENDER**
Sonhar que repreende uma pessoa ou que repreendem você está anunciando-lhe violência ou ruptura com um familiar ou amigo a quem muito estima, que lhe causará grande dor e pesadelo.

- **RÉPTIL**
Sonhar com répteis significa que deve ter cuidado com falsos amigos que querem prejudicá-lo, depreciando sua honra e dignidade. Se matar um deles, indica que terá êxito nas suas ilusões e empresas.

- **RESFRIADO**
Sonhar que está resfriado é augúrio de uma injustiça ou uma sem-vergonhice por parte de algum amigo.

- **RESSUSCITAR**
Se em sonhos vemos um morto ressuscitar, é presságio de mal--estar e desgosto em nossa vida.

- **RESVALAR**
Se for você quem resvala no gelo ou sobre um solo molhado, não tardará em receber uma petição de dinheiro por parte de uma pessoa informal irresponsável que não cumprirá sua dívida com você.

- **RETÁBULO**
Sonhar com um retábulo está anunciando que a viagem que tinha planejado não chegará a realizar-se. Ainda que se sinta desiludido, se dará conta de que realmente terá muitas satisfações e alegria.

- **REUNIÃO**
Sonhar que é convidado para uma reunião indica que goza do respeito e da admiração dos seus amigos e vizinhos em geral, de todos os que o rodeiam.

188 | Os Sonhos de A a Z e suas Interpretações

- **REVOLUÇÃO**
Ver uma revolução em sonhos significa sem dúvida que no seu caso anda tudo revolto, acalme-se e retifique sua conduta.

- **REVÓLVER**
Se for homem e tem um revólver, prognostica ciúmes injustificados.

- **RIACHO**
Se em nossos sonhos aparece um riacho de águas claras, sem dúvida logrará um bom emprego que deverá aceitar, já que pode chegar a ser a base do seu triunfo. Se a água estiver suja ou turva, augura-lhe males ocasionados pelos seus inimigos.

- **RIBANCEIRA**
Sonhar com uma ribanceira revela que não é muito afeito ao trabalho nem a cumprir com seus compromissos, o que pode alterar e prejudicar o caminho da sua vida.

- **RICO**
Sonhar que é um homem rico e poderoso vaticina que terá algum problema desagradável no seu trabalho que pode chegar a prejudicá-lo.

- **RIFA**
Trate de retificar seu procedimento atual, já que este sonho pressagia carência de responsabilidade e competência que pode levá-lo a sérios desgostos.

- **RINHA**
Sonhar que brigamos com a pessoa com a qual estamos prometidos pressagia uma próxima e próspera boda. Se for o protagonista numa briga de rua e é você quem golpeia, anuncia-lhe que terá dificuldades domésticas ou pessoas próximas. Se receber os golpes no tumulto, seu modo de proceder deixa muito a desejar. Procure retificar.

- **RINS**
É presságio de boa saúde. Augura bem-estar, satisfações com os filhos e tranquilidade no lar.

- **RIO**
Ver em sonhos um rio ou navegar por ele significa progresso e fortuna. Se vemos que transborda, ameaça-nos um grave perigo.

- **RIQUEZA**
Possuir uma grande riqueza em sonhos indica miséria e mal--estar. Entretanto, se sonhar que perde seu capital, a chegada de um dinheiro, ou pela loteria ou por uma herança, restabelecerá sua situação.

- **RIR**
Isto é um mau presságio de lágrimas. Se rimos às gargalhadas, augura grandes penas e desgosto que não esperávamos.

- **RISO**
O riso em sonhos só anuncia tristezas e pesares.

- **RIVAL**
Sonhar com um rival augura certos dissabores e até perigos. Desconfiemos das pessoas que nos adulam.

- **ROCA**
A roca em sonhos significa necessidades e pobreza, principalmente se estiver fiando com ela.

- **ROCHA**
Escalar uma rocha anuncia-nos árduas dificuldades para chegar a alcançar o desejado triunfo. Sonharmos que descemos prognostica a perda de seres que nos são muito queridos.

190 | Os Sonhos de A a Z e suas Interpretações

- **ROCIO**
Ver o orvalho da manhã refrescando as flores demonstra que sua situação atual melhorará cada vez mais no momento em que chegue uma ajuda inesperada, que o livrará do seu atual estado de necessidade e de incerteza.

- **RODA**
Se a vê rodando é augúrio de que nossas ilusões e desejos logo haverão de realizar-se.

- **RODAR**
Se em sonhos faz rodar um veículo, um aro, uma roda, um barril etc., anuncia-lhe que logo conseguirá as ilusões, os desejos e as esperanças que tem sonhado durante tanto tempo.

- **ROLA**
Sonhar com rolas indica perfeita harmonia entre esposos e entre solteiros, afagadoras promessas de que logo se casarão.

- **ROLETA**
Este sonho é um aviso de que não deve confiar no jogo, nem na loteria; se persistir nisso perderá seu dinheiro.

- **ROMÃ**
Uma romã vermelha e madura indica ganância e dinheiro; se estiver verde, significa enfermidade e pesares.

- **ROMARIA**
Ir em romaria revela claramente que está vivendo momentos de árduas preocupações e necessidade. Mas considere que por este ato, levado pela sua religiosidade e fé, terá uma boa recompensa.

- **ROMPER**
Se em sonho quebramos um copo é sinal de que desfrutaremos de boa saúde. Se o que quebramos é um prato, indica que lograremos riqueza. Se rompermos uma corda significa que se suscitarão

disputas em nosso lar. No caso de romper um galho é augúrio de perigo para si mesmo ou um familiar.

- **ROSA**
Sonhar com rosas é indício de paz e tranquilidade. Se for uma mulher, para a solteira significa o anúncio de um próximo enlace; para a casada, a feliz chegada de um filho. Se outra pessoa a oferece a você, pressagia triunfo na sociedade. Só sonhar com rosa murcha pode acarretar-nos contrariedades.

- **ROSÁRIO**
Ver em sonhos um rosário é sinal de próximos ganhos num negócio. Se for uma mulher avisa sobre traições.

- **ROSMANINHO**
Augura alegrias e satisfações sem fim. Colher suas olorosas flores significa que as pessoas que nos rodeiam nos admirarão e respeitarão, receberemos de todas as maiores atenções.

- **ROSTO**
Se o rosto com que sonha é agradável e bonito, vaticina uma longa vida e honras. Um rosto jovem e formoso é augúrio de favores. No caso de ser feio e deformado, significa que terá problemas e contrariedades.

- **ROTA**
Traçar de rota para efetuar uma viagem ou estar caminhando por uma via rodoviária, uma senda ou um caminho é augúrio de êxito, ainda que nos custe trabalho para consegui-lo.

- **ROTURA**
Romper qualquer objeto impensadamente está advertindo sobre grandes penas e desgosto. Fazê-lo intencionalmente, levado pela violência, significa que é você mesmo o responsável pelos dissabores e problemas que agora o estão preocupando.

192 | Os Sonhos de A a Z e suas Interpretações

- **ROUBAR**
Roubar em sonhos é sinal de que terá problemas que possam prejudicá-lo. Sonhar que o roubam é sinal de melhora na atual situação e estado financeiro.

- **ROUPA**
Sonhar com roupa limpa quer dizer que é uma pessoa responsável e com senso comum. Se se trata de roupa suja, é sinal de desonra. Se for roupa íntima significa riqueza.

- **ROUXINOL**
Se em sonho ouve o harmonioso canto do rouxinol é presságio de bem-estar e amor.

- **RUA**
Passar por uma rua cheia de lixo significa que terá problemas judiciais. Se estiver limpa, os problemas se solucionarão prontamente de forma satisfatória. Se for uma rua estreita e escura sinaliza perigos.

- **RUBI**
Sonhar com rubis é, sem dúvida, o presságio de alguma aventura amorosa que pode chegar a prejudicá-lo em saúde e dinheiro.

- **RUGIDO**
Indica que deverá estar atento contra alguém que se diz seu amigo e irá prejudicá-lo. Se for você mesmo quem ruge, poderá vencer seus inimigos.

- **RUÍDO**
Perceber ruídos é sinal de alegria e contentamento. Se for você quem o produz, existe risco de intrigas por culpa de familiares ou amigos.

- **RUÍNAS**
Se sonhar que está contemplando ruínas quer dizer que deve procurar retificar sua vida para que acabem os problemas sentimentais e familiares que sofre atualmente; do contrário, perdurarão.

- **RUPTURA**
Sonhar que rompemos com alguém significa que logo recobraremos a amizade de uma pessoa com que rompemos nossa relação há muito tempo.

- **RUSSO**
Se sonha com uma pessoa russa ou vestida com o traje típico desse país indica que nos cega o egoísmo, o que nos impede de prosperar em nosso trabalho ou negócio.

S

- **SÁBADO**
As coisas boas e felizes com que sonhou acontecerão no dia seguinte.

- **SABÃO**
É um sinal de tramas e de situações difíceis, que terão de ser vencidas paulatinamente.

- **SÁBIO**
Sonhar que é um sábio significa que deve melhorar os estudos. Se no seu sonho estiver falando com alguém culto e inteligente, vaticina que receberá um forte desengano da parte de uma pessoa querida.

- **SACA-ROLHAS**
Vê-lo ou usá-lo significa que talvez chegue a ser rico, jogando na loteria.

- **SACERDOTE**
Sonhar com um sacerdote augura enfermidades. Se estiver oficiando missa, é sinal de uma morte próxima.

- **SACO**
Um saco cheio de dinheiro é sinal de uma situação econômica difícil. Se estiver vazio, receberá um dinheiro inesperado que melhorará sua situação.

- **SACRILÉGIO**
Cometê-lo indica que deve ficar desconfiado.

- **SACRISTÃO**
Se sonhar com um sacristão sofrerá uma perda que o afetará muito, além do incômodo de ter que se justificar para outra pessoa.

- **SACRISTIA**
Estar numa sacristia quer dizer que poderá passar por uma situação comprometedora. Também indica perigo e contrariedades com uma mulher jovem.

- **SAFIRA**
Sonhar com esta pedra preciosa está anunciando-lhe claramente que receberá favores, presentes e amizade.

- **SAL**
Este sonho tem várias interpretações, dependendo da situação: vê-lo num saleiro é signo de bons presságios; tomá-lo, de paz e tranquilidade; derramá-lo, de desavenças e desgosto.

- **SALA**
Uma sala ampla e bem arrumada com o maior gosto significa alegria e vida aprazível e serena. Mas, se for pequena e de mau aspecto, terá problemas e contrariedades.

- **SALADA**
Preparar ou comer salada pressagia dificuldades na família.

- **SALAMANDRA**
Sonhar com uma salamandra significa que o rodeiam pessoas dispostas a ajudá-lo com a maior abnegação.

- **SALÃO**
Um salão magnificamente decorado, cheio de luzes e mobiliado com bom gosto, vaticina contentamento e alegria. No estiver abandonado e sem adornos, indicaria dificuldades no seu trabalho ou negócio.

196 | Os Sonhos de A a Z e suas Interpretações

- **SALGUEIRO**
Sonhar com esta árvore augura uma velhice aprazível e tranquila.

- **SALIVA**
Sonhar que a saliva lhe aparece na comissura dos lábios indica uma precária situação na sua vida. Se for você mesmo que cospe em outra pessoa revela descrédito para você e terá má fama entre quem o rodeia.

- **SALMÃO**
Comer salmão em sonhos augura enfermidade, ainda que não grave, nem de consequências fatais.

- **SALPICADO**
Se ao passar um carro sobre um charco o salpica, este sonho quer dizer que deve comportar-se com a maior correção com seus amigos e nos trabalhos e ações que deva executar.

- **SALSA**
Sonho que indica enfermidade longa e penosa.

- **SALSICHÃO**
Se no seu sonho vê ou como um pedaço de salsichão, se verá metido num problema judicial ou num grave escândalo. Se quem sonha com ele é uma mulher, será anúncio de uma separação amorosa.

- **SALSINHA**
É um sinal de ilusões truncadas e falsas esperanças.

- **SALTO**
Indica que deve se livrar de injustas perseguições.

- **SANATÓRIO**
Estar internado num sanatório vaticina que no seu lar passará angustiosos momentos de depressão econômica e contrariedades no trabalho ou negócio. Procure cuidar dos seus interesses.

SANDÁLIAS

Sonhar que vê ou usa umas sandálias novas quer dizer que há uma pessoa disposta a facilitar-lhe a ajuda que pode necessitar. Se estiverem muito velhas e usadas significa que sua situação atual não terá melhora alguma.

SANDICES

Sonhar que, ante uma pessoa ou numa reunião, está dizendo ou fazendo sandices indica que deve ficar alerta para que evite que alguém se aproveite ou abuse de sua situação.

SANGRAR

Se em sonhos vê sangrar uma pessoa prediz que saberá de um segredo dela que será causa de uma grande vergonha.

SANGUE

Sonhar com seu próprio sangue é um bom augúrio, já que logo se realizarão seus desejos. Se o vê brotar em grande quantidade, é sinal de fortuna inesperada, sempre que seja vermelho; se estiver escuro, anuncia uma grave enfermidade para você ou um familiar.

SANTO

Sonhar com um santo é um bom augúrio: todas as suas pessoas queridas desfrutarão de uma feliz e aprazível época de paz e de prosperidade. Se durante o sonho conversa com ele, o gozo e os benefícios que receba o aproximarão mais da perfeição da sua vida.

SAPATEIRO

Se seu ofício não é o de sapateiro e sonha que faz sapatos é um sinal para ficar alerta, porque uma pessoa em quem confiava o trairá.

SAPATILHAS

Sonhar com sapatilhas é augúrio de desgosto. Tirá-las, sinal de brigas e violência. Entretanto, se as põe, significa que terá conforto boa vida.

198 | Os Sonhos de A a Z e suas Interpretações

- **SAPATOS**
Sonhar com sapatos novos é um bom presságio de que terá benefícios. Se estiverem desgastados pelo uso, significa pobreza momentânea.

- **SAPO**
Ver sapos em sonhos prognostica violência, contrariedades e maus negócios.

- **SARAMPO**
Padecer desta enfermidade em sonhos é um mau presságio. Ver outra pessoa afetada por ela também significa penas e sofrimentos.

- **SARDINHA**
Se for casado, as sardinhas indicam que terão cenas de ciúmes, ainda que injustificadas. Se as pescar, anuncia que receberá uma notícia desagradável.

- **SARNA**
Se no seu sonho se vê padecendo de sarna significa que há uma pessoa mais velha do que você e do sexo oposto interessada em você com fins matrimoniais. E se trata de uma pessoa rica.

- **SATÉLITE**
Sonhar com nosso satélite, ou seja, a Lua, brilhando no seu plenilúnio revela-lhe uma segura afirmação no seu trabalho ou negócios. Se for uma mulher casada, receberá gratas surpresas. Se for uma jovem solteira, não tardará em encontrar o homem da sua vida. Se estiver disposto a empreender uma viagem e vê a Lua embaçada ou oculta pelas nuvens, desista de efetuá-la e não se arrependerá.

- **SÁTIRO**
Sonhar com uma pessoa conhecida carcarterizada como um sátiro indica que devemos nos afastar dela, não ouvindo os conselhos que possa dar-nos.

- **SAUDAÇÃO**
Se em sonho saúda uma pessoa ou esta o saúda indica que sofrerá certa contrariedade que, apesar de leve, irá afetá-lo.

- **SAÚDE**
Gozar de boa saúde significa que receberá más notícias de algum familiar que estava gravemente enfermo.

- **SEBE**
Ver em sonhos uma sebe significa que teremos pequenos obstáculos dos quais sairemos airosos.

- **SECA**
Sonhar com um lugar ou terreno seco prognostica que uma pessoa em quem temos devotado nossa confiança divulgará algum segredo nosso que poderá causar-nos graves problemas e prejuízos.

- **SECRETO**
Se uma pessoa se aproxima de você para contar-lhe um segredo, indica advertência de penas e desgraças.

- **SEDA**
Sonhar com vestidos ou outros artigos confeccionados com seda significa opulência, riqueza e fortuna.

- **SEDE**
Sonhar que tem sede significa que é um indivíduo ambicioso, não com o desejo de anelar riquezas alheias, mas com ânsia de prosperar no seu trabalho. Se não puder mitigá-la por não encontrar água para beber, pressagia pesares e desgraças. Poder satisfazê-la, pelo contrário, é sinal de aquisição de bens.

- **SEDUÇÃO**
Se for você que seduz alguém ou qualquer pessoa tenta seduzi-lo indica que receberá notícias de um bom amigo que acaba de sofrer um acidente.

SEGAR
Ver segar no seu sonho indica que logo iniciará um trabalho que lhe será muito benéfico.

SEGUROS
Se sonhar que está assegurado, deve estar atento às inversões que fez, já que não são tão seguras como supunha.

SEIOS
Sonhar com seios femininos, para o solteiro, significa um próximo enlace. Se se trata de seios grandes, é sinal de êxito e benefícios, assim como prosperidade no lar. Se a mulher que sonha com eles for casada, indica um feliz alumbramento. Um homem com seios femininos prediz afeminação.

SEIXO
Lembre-se das propostas e intrigas de alguma pessoa que disse ser seu amigo incondicional.

SELO
Sonhar com um selo de cera ou de lacre significa que há um segredo que devemos guardar com maior reserva. Selar uma carta ou documento augura um triunfo seguro contra nossos inimigos.

SEMEADO
Este sonho augura saúde, riquezas e êxito e será muito melhor se o semeado for de cereais do que de legumes.

SEMEADURA
A pessoa que sonha que está semeando terá ganhos no seu negócio e ascensão no seu trabalho.

SEMEAR
Sonhar que está semeando um campo é sinal de paz e prosperidade na sua vida. Também anuncia aumento de família.

S | 201

- **SEMENTE**
As sementes significam que suas relações com a pessoa com quem está prometida irão por um bom caminho e será feliz. Se for casado, logo realizará uma feliz viagem com sua consorte.

- **SEMINÁRIO**
Anúncio de falsidades e traições por parte de familiares ou amigos íntimos.

- **SENTENÇA**
Procuremos não ser curiosos nem meter-nos onde não nos chamam, do contrário adquiriremos costumes e vícios que nos prejudicarão.

- **SEPARAÇÃO**
Sonharmos que nos separamos de nosso cônjuge será um mau presságio de dificuldades e fracassos no nosso trabalho ou negócio.

- **SEPULCRO**
Visitar um sepulcro é presságio de um acidente. Ver uma pessoa amiga ou conhecida ante ele é sinal de que nos necessita e devemos acudir em sua ajuda.

- **SEREIA**
Sonhar com uma sereia é uma mostra de poder sexual. Ouvir seu canto significa que deve ter cuidado com uma mulher que o trairá com fins não muito honestos.

- **SERENATA**
Participar de uma serenata em grupo vaticina terríveis ciúmes por parte de um dos seres amados que nos rodeiam.

- **SERENO**
É de mau augúrio sonhar com ele, já que nos faz saber que a viagem que tínhamos projetado não chegará a realizar-se.

202 | Os Sonhos de A a Z e suas Interpretações

- **SERINGA**
Sonhar com uma seringa quebrada significa maus negócios.

- **SERPENTE**
Se sonhar que este animal se enrosca no corpo nos veremos recluídos num cárcere ou na cama por motivo de enfermidade. Matá-la significa triunfo sobre nossos inimigos.

- **SERPENTINA**
Sonhar que lançamos serpentinas numa festa ou pela passagem de uma personalidade significa que a alegria e o júbilo que se demonstram neste ato perdurarão por muito tempo em nossa vida.

- **SERRA**
Se se trata do utensílio para serrar, significa prosperidade no negócio. Estar numa serra augura morte de um familiar ou amigo.

- **SERRAGEM**
Este sonho é de bom augúrio, pois significa que pode encontrar pela rua alguma joia de valor ou dinheiro.

- **SERRALHO**
Demonstra que é uma pessoa débil de temperamento e deve procurar não deixar-se influir por alguém que trata de dominá-lo.

- **SERROTE**
Sonhar com esse utensílio está avisando-o de que deve procurar apartar da sua mente essa ideia fixa que tanto o preocupa e o tem transtornado, já que a solução virá por si só e felizmente terminarão os maus momentos passados, trazendo paz e tranquilidade ao seu espírito.

- **SETE**
Sonhar com o número 7 revela bem-estar e a chegada de notícias agradáveis.

- **SEXO**

  Sonhar com o órgão sexual masculino revela poder e êxito. Se for o feminino, feliz concepção no caso de esperar um filho.

- **SINALIZAR**

  Se em sonho sinaliza para uma pessoa significa que seu modo de proceder não é muito correto, por isso deve corrigir sue modo de ser e agir reprimindo seus impulsos, pois, do contrário, só terá perdas e contrariedades.

- **SINOS**

  O toque alegre dos sinos significa que seu procedimento é objeto de maus comentários entre seus amigos. Se tocarem lentamente, saberá da morte de um personagem importante.

- **SOBRINHO**

  Sonhar com sobrinhos bons aos quais se quer bem é sinal de nobres sentimentos. Se em sonhos os odeia, terá uma velhice amarga. No caso de sofrermos por eles, haveremos de ter carinho e compreensão para seres tão queridos.

- **SOCO**

  Dar ou receber socos é um aviso de que sua liberdade periga, talvez no seu emprego.

- **SOFÁ**

  Se quem sonha com um sofá tem filhos, evite que chegue a se envergonhar pelo mau comportamento de um deles.

- **SOGRO**

  É mau sinal sonhar com um sogro, já que indica que algum amigo o intimará a cumprir iminentemente com seus compromissos, ameaçando-o com demanda judicial. Não obstante, se sonhar com o sogro receberá bons conselhos de uma pessoa que o estima e poderá ajudá-lo.

204 | Os Sonhos de A a Z e suas Interpretações

• SOL

Sonhar com o astro rei é augúrio de honras e riquezas, assim como de gratas satisfações: a pessoa enferma recobrará sua saúde e o preso alcançará sua ansiada liberdade. Se for uma mulher que sonha com o sol radiante e espera um filho, ele será uma grande pessoa no dia de amanhã, alegre, trabalhador e cheio de saúde. Pelo contrário, sonhar com um sol avermelhado pressagia problemas. Se estiver meio encoberto pelas nuvens, significa que sofreremos lutas e padecimentos.

• SOLDADO

Sonhar que é um soldado revela dissabores. Vê-lo, está alertando-o sobre enganos de alguns amigos. Sonhar com soldados num desfile militar significa que seus desejos se tornarão realidade. Se se trata de soldados vencedores de um combate, pressagia êxito no trabalho ou nos negócios; se são derrotados é símbolo de mau augúrio.

• SOLDO

Receber um soldo nos seus sonhos é um bom prognóstico de êxito nos estudos, negócios ou trabalho.

• SOLIDÃO

Se em sonhos estamos sós e abandonados, significa que nos veremos metidos em brigas e mexericos que nos trarão dor de cabeça.

• SOLTEIRO

Uma pessoa casada que sonha que está solteira terá de proceder com tento ao escolher novas amizades que lhe possam ser apresentadas.

• SOMBRA

Estar sob a sombra de uma árvore é sinal de que logo melhorará sua atual situação e as ilusões perdidas se revitalizarão no seu espírito.

• SOMBRINHA

Sonhar com uma sombrinha vaticina que inesperadamente receberá proteção da parte de uma pessoa com quem não contava.

- **SONÂMBULO**
Se em sonho for sonâmbulo significa que inimigos querem prejudicá-lo, o que lhe causará uma forte alteração nervosa, mas, se atuar com decisão e firmeza, não tardará em derrotá-los.

- **SONHO**
Sonhar que está dormindo que dizer que se verá envolto num problema desagradável; mas, se dorme com sua esposa, significa que receberá gratas notícias de um familiar ou amigo.

- **SOPA**
Tomar sopa em sonhos quer dizer que, se perdeu saúde ou dinheiro, voltará a recuperá-los. Mas se lhe cai a sopa, suas esperanças se verão frustradas.

- **SORTE**
Sonhar que tem sorte, que goza de boa saúde, é feliz, tem muito dinheiro e tudo lhe sai bem na vida significa que uma desgraça próxima virá sombrear sua situação real, e deve preparar-se para fazer frente a ela.

- **SORTILÉGIO**
Vaticina falsidade, enganos e humilhações. Veja atentamente as pessoas que o rodeiam.

- **SOTAINA**
É um claro aviso de que alguém que lhe assegura ser um bom amigo está fazendo seus planos para poder prejudicá-lo.

- **SUBIR**
Subir uma escada ou a uma montanha vaticina com toda certeza uma mudança de fortuna: não tardará em melhorar sua situação, suas ilusões e projetos se realizarão e até sua saúde melhorará, se estiver enfermo.

206 | Os Sonhos de A a Z e suas Interpretações

- **SUBSOLO**

Sonhar que está no subsolo de uma casa é sinal de que uma má situação afasta-o da felicidade de que está desfrutando no presente. Procure ser comedido e responsável nos seus atos.

- **SUBTERRÂNEO**

Estar num local subterrâneo e por desgraça não encontrar a saída para a superfície é augúrio de que passará por uma situação crítica ou levará um susto terrível. Tome precauções se viajar por mar.

- **SUDÁRIO**

É de mau augúrio sonhar com um sudário, já que prediz a morte de um familiar ou de um bom amigo.

- **SUÉTER**

Vê-lo ou usá-lo é augúrio de dores e penas.

- **SUICÍDIO**

Sonhar que se suicida revela desgraças e contrariedades.

- **SUJEIRA**

Se estiver num lugar cheio de sujeira ou ver sua roupa ou sua casa sem limpeza quer dizer que deve proteger-se de cometer um erro cujos resultados seriam prejudiciais, tanto para seu prestígio como para sua saúde e posição. Proceda com tino e procure evitar tais augúrios.

- **SULCO**

Ver em sonhos um sulco aberto indica que seus assuntos irão cada dia pelo melhor caminho, ainda que tenha que ter paciência e perseverança para chegar a conseguir seu ansiado bem-estar.

- **SUOR**

Ver-se coberto de suor é sinal de que sofrerá uma inesperada enfermidade em que o termômetro alcançará altos graus de temperatura.

S | 207

- **SUPLÍCIO**
Se sonhar que assiste ao suplício de uma pessoa ou é a vítima dele, não tardarão em acompanhá-lo o êxito e a sorte.

- **SURDO**
Sonhar que está surdo significa que está pisando num terreno em falso, aconselhado por maus amigos e, portanto, trate de retificar sua conduta atual. Se sonhar com uma pessoa surda conhecida, deve aconselhá-la a respeito do seu injusto ou vicioso procedimento e guiá-la para o caminho do bem e da retidão.

- **SUSPENSÓRIOS**
Esse sonho indica que, seguramente, acaba de sair airoso dos seus problemas e enfermidade. Mantenha-se firme e decidido para não voltar a incorrer em tais situações.

- **SUSPIROS**
Suspirar em sonhos demonstra que dá preferência às questões pequenas àquelas de maior importância que podem beneficiá-lo. Se ouve outra pessoa suspirar, não tardará em acudir a você algum familiar ou amigo para confiar-lhe suas penas.

T

- **TABACO**
Sonhar que está fumando significa que triunfará na vida, nos negócios e nos estudos. Contemplar as voltas do fumo indica prazeres que não haverão de conduzi-lo a nada de bom.

- **TABERNA**
Estar numa taberna indica que passará alguns dias de preocupação e de tristeza, devido a problemas familiares ou de trabalho ou, talvez, por causa de mal-estares físicos. Sonhar que está nela bebendo em companhia de amigos é augúrio de penas morais.

- **TÁBUA**
Levar uma tábua carregada vaticina penúrias.

- **TAÇA**
Sonhar com copa é um bom augúrio, já que prognostica desaparecimento das dificuldades que nos agoniam. Mas deve procurar afastar-se da suposta amizade de algumas pessoas que o rodeiam e só buscam o seu próprio interesse.

- **TALHER**
Se os talheres são de prata, demonstram ambição por melhorar seu estado atual. Se são de ouro, avareza. Se os rouba ou se lhes roubam, será motivo de traições.

T | 209

- **TAMANCOS**
Calçar tamancos augura estancamento na sua situação atual. Ver outra pessoa que os calça revela uma notável melhora do estado em que está. Se for um menino quem os usa, será presságio de boa saúde.

- **TAMANCOS**
Sonhar com tamancos é uma advertência clara de que deve apartar-se de certa amizade que só trata de explorá-lo, pedindo-lhe dinheiro. Além do mais, significa que, se alguém lhe propõe um negócio, vá com cuidado para que não se estafe, já que existe o risco de que suceda isso.

- **TÂMARA**
Símbolo de alegria e de boa saúde.

- **TAMBOR**
Ver tambores num desfile militar ou num ato esportivo prediz que o convidarão a uma festa onde conhecerá uma pessoa que será do seu agrado, apesar de que talvez não chegue a corresponder-lhe. Se for você mesmo quem o toca, se verá envolvido em mexericos e murmúrios.

- **TAMBORETE**
Sonhar que está sentado num tamborete é indício de prosperidade e satisfações.

- **TAMPA**
Sonhar com tampas em geral e utensílios de cozinha ou de caixas significa que deve manter-se à margem de algumas amizades que não lhe convêm.

- **TAMPÃO**
Este sonho é um claro aviso para ter cuidado com instrumentos cortantes ou pontiagudos que podem ser motivo de desgraça.

210 | Os Sonhos de A a Z e suas Interpretações

- **TAMPÃO**
Trazer um tampão, pego a sua pele ou como remendo na sua roupa, significa que não tardará em encontrar-se com a pessoa ideal a quem buscava, desde muito tempo, e com quem encontrará a felicidade.

- **TAPETE**
Se sonhar com belos tapetes é uma pessoa amante da arte, e isso lhe trará muitas satisfações. Ver um tapete indica risco de enfermidade gástrica produzida pela alteração do sistema nervoso. Sonhar que o está varrendo é sinal de perturbações mentais. Não obstante, sentir que caminha sobre ele indica bem--estar e tranquilidade.

- **TAPUME**
Saltar um tapume em sonhos quer dizer que suas convicções são firmes e não deve desalentar-se na hora de tentar conseguir o que deseja.

- **TAPEÇARIA**
Se atapetar móveis, deve ter cuidado para evitar que algum dito amigo abuse da sua confiança.

- **TARTAMUDO**
Augura uma rápida solução dos assuntos que agora o afligem.

- **TARTARUGA**
Ver tartarugas comendo sua carne significa que seus assuntos não andam tão bem como desejava. Se permanecer parada, sem movimento, os negócios caminharão tal como havia planejado na vida real.

- **TEAR**
Sonhar com ele indica saúde por muito tempo.

T | 211

- **TEATRO**
Entrar num teatro vaticina prosperidade e êxito. Sonhar que sai dele, desenganos. Ver-se atuando em cena é augúrio de boas notícias; entre bastidores, confidências.

- **TECELÃO**
Está avisando-o para desconfiar de um amigo que o lisonjeia muito e que só trata de prejudicá-lo.

- **TECIDO**
Ver ou elaborar tecidos indica que logo saberá que é objeto de murmúrios e falatórios por parte de pessoas muito conhecidas que considerava gente honrada e competente nos seus atos.

- **TECLA**
Sonhar com as teclas de um piano significa próximas riquezas. Se se trata das teclas de uma máquina de escrever, vaticina melhora da nossa situação atual.

- **TEIA DE ARANHA**
Deverá abandonar, no momento, os projetos que pensara para melhorar seu estado atual. Aceite os conselhos e sugestões que receba de um amigo.

- **TELA**
Comprar ou vender telas em sonhos é augúrio de que sua situação financeira melhorará rápida e inesperadamente. Desfrutará da felicidade na sua vida e de uma grande prosperidade.

- **TELA**
Sonhar com uma tela sinaliza que é muito suscetível e duvida de algumas pessoas que o rodeiam; julgue-as bem e atue em consequência.

212 | Os Sonhos de A a Z e suas Interpretações

- **TELEFONE**
Se sonhar que instalam um telefone em sua casa, seus assuntos seguem o bom caminho. Se ao tratar de comunicar-se com alguém o telefone não funciona, corremos o risco de sermos vítimas de uma estafa.

- **TELEGRAMA**
Receber um telegrama avisa-o de que deve proceder com cautela ao projetar ou fazer coisas que merecem um estudo detido antes de executá-lo.

- **TELHADO**
Se tiver uma necessidade e pensa em solicitar um empréstimo para remediá-la, este sonho indica-lhe que evite fazê-lo; busque o apoio de algum familiar ou amigo que o ajude na sua situação precária.

- **TEMPESTADE**
Sonhar que está em meio a uma terrível tempestade augura um iminente perigo de qual sairá, ainda que com grandes esforços.

- **TEMPLO**
Sonhar que está orando num templo indica que receberá injúrias e desenganos. Se entrar nele, não tardará em lograr o que espera, sempre que seu comportamento se torne digno de merecer essa recompensa.

- **TEMPO**
O bom tempo em sonhos significa bem-estar e tranquilidade. Se for mau, tudo ao contrário.

- **TENAZES**
Vê-las ou tê-las em mãos pressagia risco de ser vítima de ameaças e perseguições. Procure restringir seus gastos atuais, já que o dia de amanhã pode necessitar do dinheiro que agora é dilapidado.

T | 213

- **TENDA**
Sonhar com uma tenda abarrotada de mercadorias avisa-o dos ganhos nos negócios e melhora no seu trabalho. Se for uma tenda de campanha augura uma aventura emocionante.

- **TENENTE**
Anuncia que realizará logo uma viagem que lhe resultará benéfica e frutífera. Não obstante, tenha cuidado com mexericos que possam prejudicá-lo.

- **TERMÔMETRO**
Pressagia uma próxima enfermidade.

- **TERRA**
Uma terra fértil indica felicidade no matrimônio. Se for estéril e desértica vaticina ciúmes injustificado entre os esposos.

- **TERRAÇO**
Estar num terraço contemplando a paisagem denota seu caráter vaidoso; se quiser prosperar e triunfar, terá que procurar se corrigir.

- **TERREMOTO**
Sonho de mau augúrio que o avisa da quebra de seu negócio ou desastre moral no seu lar. Caso o terremoto venha a destruir uma casa por sua violência, vaticina a morte de uma pessoa querida.

- **TERRENO**
Comprar em sonhos um terreno significa que haverá melhora em sua situação atual.

- **TESOURAS**
Sonhar com tesouras é anúncio de discórdia entre amantes e desavenças entre casados. Também significa dissabores e fracassos nos negócios. Se estiver cortando com elas, é sinal de mexericos e falatórios que podem desprestigiá-lo.

214 | Os Sonhos de A a Z e suas Interpretações

- **TESOURO**
Sonhar que tem um tesouro anuncia um vantajoso matrimônio em futuro próximo.

- **TESTAMENTO**
Sonhar que você mesmo faz um testamento é sinal de uma longa vida feliz. Se for outra pessoa quem o faz, augúrio de morte iminente.

- **TETO**
Ver um teto é presságio de bem-estar e êxito. Se desmorona, alguém nos proporá um negócio, do qual sairemos triunfantes.

- **TEZ**
Ver seu próprio rosto muito pálido avisa-o de que deve cuidar da sua saúde, ou está sujeito a contrair uma perigosa enfermidade. Se a tez que tem em sonho é fresca e rodada, é anúncio de saúde e longa vida.

- **TIÇÃO**
Deve desconfiar de conselhos que possam resultar-lhe prejudiciais. Seu critério vale muito mais do que isso e deve saber muito bem o caminho que deve seguir.

- **TIGRE**
É de mau augúrio sonhar com um tigre, já que nos avisa de que um inimigo poderoso, a quem não via há muito tempo, reaparecerá na sua vida tratando de desacreditá-lo por todas as partes, fazendo mofa da sua honra e prestígio.

- **TIMÃO**
Ver ou manejar o timão de uma embarcação manifesta que, se for constante no seu trabalho, chegará a alcançar o bem-estar e a prosperidade que deseja para si e os seus.

T | 215

- **TIMBALE**
Se em sonhos se lhe aparece um timbale significa que é uma pessoa irresponsável que anda importunando os amigos, pedindo continuamente favores.

- **TINHA**
Ver-se atacado por essa repugnante infecção é um aviso de que deve desconfiar de falsos amigos que o adulam. Procure afastar-se o possível de pessoas assim.

- **TINTA**
Sonhar com tinta augura geralmente boas notícias, sempre que não se verta ou derrame, já que nesse caso significa discórdia. Se for negra, anuncia a próxima chegada de um familiar ou amigo a quem estimamos; se for de cor vermelha, indica que nossa conduta pode ser objeto de um mal entendido e se se trata de tinta verde é símbolo de esperança.

- **TINTURARIA**
Se em sonho manda seus trajes ou vestidos à tinturaria para que os limpem ou tinjam significa que deve portar-se com mais responsabilidade no seu modo de atuar com os amigos, já que alguns o consideram vaidoso e inconsequente.

- **TIO**
Sonhar com seu tio indica que está enamorado de uma pessoa que não lhe corresponde, representa um fracasso sentimental. Se for uma tia, é augúrio de desavenças familiares em que desgraçadamente você intervirá.

- **TISANA**
Servir uma tisna a uma pessoa enferma é bom sinal de que, na realidade, algum familiar ou amigo que está com a saúde fragilizada se recuperará logo.

216 | Os Sonhos de A a Z e suas Interpretações

- **TÍTERES**
Se sonhar com títeres, procure estar atento a uma proposta que lhe farão e que deverá rechaçá-la para que evite desgosto e contrariedades.

- **TOALHA DE MESA**
Sonhar que a toalha está posta na mesa indica que logo o convidarão para um banquete. Se retirar a toalha para guardá-la, não poderá comparecer, por causas justificadas.

- **TOALHA**
Sonhar com uma toalha é um claro aviso de que não tem que confiar em alguns parentes ou amigos que o rodeiam e a quem pensa recorrer num momento de necessidade, solicitando sua ajuda. Procure evitar convívio para não estar diante deles numa situação violenta e passar vergonha.

- **TOCHA**
Se estiver acesa, receberemos uma recompensa; apagada, problemas com a justiça.

- **TOLDO**
Seu problema e as preocupações que o afligem chegarão logo ao seu fim.

- **TOLHIDO**
Se no seu sonho aparece tolhido, é augúrio de riquezas e bem-estar. Se for um amigo ou um desconhecido, significa que terá problemas e dificuldades.

- **TOMATE**
Este sonho indica que não deve arriscar-se a fazer nenhuma aposta, como tem por costume.

T | 217

- **TONEL**
Ver um tonel cheio é anúncio de prosperidade, mas, se estiver vazio, significa que terá apuros financeiros.

- **TOPÁZIO**
Sonhar com essa pedra preciosa é sinal de bem-estar e êxito. Agora, para conseguir tal felicidade, deve ocupar-se com mais afinco no seu trabalho ou negócio, recusando algum que outro amigo que possa prejudicá-lo.

- **TOPO**
Ver em sonhos um topo é um aviso de que deverá cuidar melhor dos seus negócios, já que há uma pessoa que escava sua tranquilidade tentando prejudicá-lo.

- **TÓRAX**
Se você mesmo tem um tórax desenvolvido, é sinal da sua saúde e força. Também augura que logo receberá propostas de um amigo ou familiar que o apoiará no sucesso dos seus propósitos.

- **TORNO**
Sonhar com tornos prediz perigos que poderá evitar tomando algumas precauções.

- **TORRE**
Sonhar que vive numa torre vaticina-lhe reclusão no cárcere ou numa cama. Se só a vê, é indício de contrariedades. Sonhar que outra pessoa sobe a torre quer dizer que é rebelde e indisciplinado.

- **TORRENTE**
Sonho de mau augúrio, já que, se a pessoa que sonha cai nela, poderão apresentar-se muitos perigos.

- **TORTA**
Ver ou comer tortas em sonhos significa que se lhe apresentarão desgostos familiares, ainda que não de muita transcendência.

218 | Os Sonhos de A a Z e suas Interpretações

- **TORTILHA, OMELETE**
Comer tortilhas de milho em sonhos significa que logo haverão de realizar-se seus desejos e esperanças. Se for um omelete, augura separação, por morte ou viagem ao exterior, de uma pessoa com a qual se une por um afeto quase familiar.

- **TORTO**
Ver em sonhos uma pessoa torta é um aviso de indesejável estabilidade em nosso trabalho, sem esperanças de melhorar nele, a bem de perdas nos negócios. Se o que sonha se vê a si mesmo torto, indica penas e contrariedades.

- **TOSSE**
Se ouvir uma pessoa a tossir, procure ser discreto com suas palavras e ações, pois qualquer indiscrição pode acarretar-lhe muitos dissabores. Se for você quem tosse, quer dizer que, se nota que está perdendo algumas das suas amizades, elas se afastam devido ao seu procedimento egoísta.

- **TOUCADOR**
Ver-se ante o espelho de um toucador significa que há um grave perigo, talvez de morte, para um familiar ou amigo.

- **TOUCINHO**
Se em sonho vê lanches de toucinho, quer dizer que é uma pessoa desordenada e deve retificar sua conduta para refazer sua vida. Desde logo, não confie em jogos de azar, que só sacarão dinheiro do seu bolso.

- **TOURO**
Sonhar com um touro significa que receberá benefícios inesperados de um alto cargo. Se o vê em manada, surgirão assuntos ruinosos dos que, por fortuna, sairá airoso. Ver um touro morto é sinal de que não deve imiscuir-se em proposta inconvenientes. Se vires que o toureiam numa praça, desconfie de certas amizades que o convidarão a participar de um negócio.

T | 219

- **TRABALHADOR**
Sonhar com operários dedicados a seu trabalho significa que seus negócios se encaminharão bem. Pagar-lhes o salário é sinal de que é um bom patrão que os trata com delicadeza e vela pelo seu bem. Se os despede, há uns vizinhos seus que passarão por um grave aperto.

- **TRABALHO**
Sonhar que é você quem trabalha quer dizer que está passando necessidades e trata de superar sua situação angustiante. Se o labor que executa é muito duro ou pesado, seu estado não tardará em mudar e sairá triunfante de penas e fadigas.

- **TRAÇA**
Este inseto tão prejudicial nos lares significa que seus amigos ou as pessoas que estão ao seu serviço procedem com más intenções.

- **TRAGÉDIA**
Augura que algumas pessoas se separarão de você por motivos que desconhece.

- **TRAIÇÃO**
Se for um homem que sonha que alguém o trai, deverá ter cuidado com a gente que o rodeia. Caso seja uma mulher, por mais que murmurem ou falem dela, sua consciência permanecerá tranquila.

- **TRAJE**
Se o traje com que você sonha for velho ou roído ou indecoroso, é augúrio de penas e dissabores. Entretanto, se for novo e elegante, significa tudo ao contrário.

- **TRAMPA**
É sinal de maus negócios.

220 | Os Sonhos de A a Z e suas Interpretações

- **TRANÇA**
A mulher que sonhar que usa tranças conhecerá um homem de quem se enamorará, mas não se casará com ele.

- **TRAPEIRO**
Sonhar com um trapeiro revela intrigas e ou desgosto com alguma mulher.

- **TRAPO**
Ver trapos em sonhos indica que não tardará que um segredo deixou de ser, já que o divulgaram as más línguas e os falsos amigos.

- **TRAVESSURA**
Receberá notícias de uma feliz descoberta e da celebração de uma boda que muito o agradará.

- **TREM**
Significa que logrará o que desejava, mas, se se choca e descarrila, seus desejos se verão malogrados.

- **TREMOR**
Sonhar que a terra treme é augúrio de riquezas e longa vida. Se se trata de um tremor por medo ou enfermidade, procure cuidar-se para evitar alguma contrariedade ou doença que possa sobrevir-lhe.

- **TRENÓ**
Sonhar que anda num trenó significa que em breve realizará uma viagem magnífica.

- **TREPADEIRA**
Se a trepadeira está na sua casa significa relações amorosas. Se estiver seca, é um sinal de pena devido a uma notícia que o afetará intimamente. Se sonhar que a arranca, haverá discussões conjugais.

- **TREVAS**
Sonhar que está entre trevas significa que seus assuntos melhorarão consideravelmente, sempre que preste a dedicação necessária que seu trabalho requer. De qualquer modo, procure velar pela sua saúde.

- **TREVO**
Sonhar que está no campo colhendo trevos augura dinheiro em quantidade. Se encontrar um de quatro folhas, sua sorte será infinita. Os trevos que aparecem nas cartas francesas são também símbolos de felizes augúrios.

- **TRIÂNGULO**
É sinal de que sua velhice será aprazível, em justo pagamento pelo seu mérito.

- **TRIBUNAL**
Estar num tribunal é um aviso de que periga seu trabalho ou negócio e haverá de tomar as maiores precauções. Se estiver detido por haver cometido uma falta ou delito é um claro indício de que logo estará livre das preocupações e necessidades que o tem agoniado. Se o acusado que se apresenta ante o juiz for um amigo seu, cuide-se de um grave perigo que pode prejudicá-lo.

- **TRIGO**
É um magnífico sonho ver trigo, já que este cereal simboliza fortaleza, riqueza e abundância, tanto física como moral. Vê-lo na espiga significa prosperidade e bem-estar. Colhê-lo e armazená-lo, saúde e honras. Se em sonhos o oferece a outra pessoa. Receberá um delicado presente.

- **TRILHO**
Este sonho é um aviso de que se pode apresentar uma boa oportunidade de fazer um bom negócio e ganhar muito dinheiro. Mas pense com cuidado antes de fazê-lo.

222 | Os Sonhos de A a Z e suas Interpretações

- **TRIPAS**
Se virmos uma pessoa ou animal com as tripas para fora, existe o risco de que haja brigas conjugais. Comê-las é anúncio de herança às portas.

- **TRISTEZA**
Se alguém sonha que está muito triste por desgosto ou enfermidade, na manhã seguinte, ao despertar, receberá gratas notícias que o alegrarão.

- **TRIUNFO**
Sonhar que se triunfa em qualquer empresa augura triunfos verdadeiros na vida real.

- **TROFÉU**
Ganhar um troféu em sonhos pressagia a chegada de magníficos acontecimentos. No caso de perdê-lo, há de ter cuidado com os batedores de carteira.

- **TROMBETA**
Ouvir ou tocar uma trombeta indica que em breve receberá gratas notícias e benefícios.

- **TRONCO**
Ver um tronco é augúrio de penúrias e necessidades para a pessoa que sonha. Apoderar-se dele significa que não o ganhou com honestidade o dinheiro que recebeu.

- **TRONO**
Estar sentado num trono é sinal de que receberá honras e presentes em justa recompensa ao seu meritório e honrado proceder no seu trabalho.

- **TROVÃO**
Se ouvirmos trovões, devemos evitar disputas ou brigas que poderiam causar-nos muito dano, se não pudermos livrar-nos deles.

- **TRUTA**
Sonhar que está pescando-a significa que suscitarão no seu lar leves problemas familiares. Sonhar que as come, significa boda às portas.

- **TUBARÃO**
Se sonhar com um tubarão procure proteger-se contra uma pessoa que o odeia e que tenta prejudicá-lo no seu trabalho; caso o tubarão esteja morto, será esse inimigo quem sofrerá o merecido castigo por sua maldade.

- **TUBO**
Sonhar com um tubo ou com sua instalação indica que a má situação que atravessamos chegou a afetar tanto nosso sistema nervoso que temos que procurar atender nosso estado para evitar lamentáveis consequências.

- **TULIPA**
Ver uma tulipa augura saúde e sorte, que serão maiores quanto mais formosa seja a flor.

- **TUMBA**
Ver que o enterram numa lhe trará boas consequências, já que lhe vaticina uma vida longa e feliz. Se se vê cavando sua própria tumba é anúncio de matrimônio, mas, no caso de já estar casado, seria augúrio de desgosto e penas.

- **TUMULTO**
Estar entre um tumulto é signo de estar de mau humor e, inclusive, predisposto à cólera. Reprima seu estado transitório e de momento, procure separar-se de pessoas cuja presença e comportamento podem irritá-lo.

224 | Os Sonhos de A a Z e suas Interpretações

- **TÚNEL**
Significa que o negócio em que estamos metidos nos trará preocupações e precisaremos de constância para sairmos triunfantes dele.

- **TÚNICA**
Vaticina esforços e inconvenientes.

- **TURBANTE**
Usar um turbante em sonhos quer dizer que algum amigo poderá causar-lhe prejuízos, dando más referências suas.

- **TURCO**
Sonhar com um turco indica que terá que seguir as advertências e conselhos de familiares e amigos que tratam de desenganá-lo de um projeto ou negócio que tem ou pensa empreender, em que fracassaria.

- **TUTOR**
Sonhar que é tutor de alguma pessoa é um bom prognóstico de que sua casa estará em boa hora por alegrias e benefícios que haverá de receber logo.

U

- **UBRES**
Sonhar com ubres cheios indica abundância e prosperidade. Se estivessem exaustos augurariam falta de trabalho e de dinheiro.

- **UIVOS**
Além dos mexericos e falatórios, são indício de má sorte em pleitos e negócios.

- **ÚLCERA**
Se no seu sonho as vê noutra peso ou as tem você mesmo, preocupe-se mais com os seus negócios, se não quiser acabar na ruína.

- **ÚLTIMO**
Sonharmos que estamos no último lugar na escola ou na academia, ou também numa fila, significa que na vida real chegaremos a alcançar um primeiro posto, tanto em nossos estudos como em nosso trabalho.

- **ULTRAJE**
Sentir-se ultrajado é augúrio de que não tardará m receber uma grata surpresa. No caso de ser você quem ultraja outra pessoa, suas ilusões e projetos fracassarão estrepitosamente.

- **UMBIGO**
Se no seu sonho aparece um umbigo, augura-nos perigo e acusações.

226 | Os Sonhos de A a Z e suas Interpretações

- **UNGUENTO**
Tanto se nos untam como se nos untamos a nós mesmos com ele, é símbolo de prosperidade e alegria. Se formos nós que aplicamos o unguento noutra pessoa, receberemos desenganos por intrometer-nos em assuntos que não nos incumbem.

- **UNHAS**
Se a pessoa que sonha tem as unhas muito longas, é um bom presságio. Caso sejam muito curtas, indica perdas e contrariedade. Para quem as corta, é augúrio de desonra. Sonhar que as arranca significa enfermidades e inclusive perigo de morte.

- **UNIFORME**
Sonhar que vai vestido de uniforme prediz honras e fama.

- **UNIVERSIDADE**
Ver uma universidade em sonhos vaticina que pode ver-se envolvido num pleito desagradável. Estar nela significa que sofrerá contrariedades nos seus estudos, trabalhos ou negócios.

- **URINAR**
Se sonhar que está fazendo-o junto a uma parede, terá êxito no seu trabalho ou negócio. Se o fizer na cama, significa que sofrerá contrariedades.

- **URINAS**
Sonhar com urinas é augúrio de boa saúde. Em caso de sonhar que a bebe, chegará ao fim a enfermidade que agora o arqueja.

- **URNA**
Se no seu sonho aparece uma urna, quer dizer que receberá a notícia de uma boda proximamente.

• URSO
Se no seu sonho vê um urso correndo, obterá benefícios nos seus negócios. Se este animal o acossa, é augúrio de penas e contrariedades. Sonhar com vários ursos indica que logo terá ajuda para algo que necessita. Se o animal estiver quieto e pacífico, desfrutará de paz e tranquilidade.

• URTIGAS
Sonhar com urtigas é augúrio de traições e contrariedades. Não obstante, se nos espertamos com elas, significam proveito e bons resultados em nossos assuntos.

• URUBU
Se vires um urubu vivo no eu sonho, prognostica que será vítima de um roubo; se estiver morto, sentirá a perde de um documento ou de um objeto de muito valor para você.

• USURÁRIO
Sonhar que é um usurário é sinal de fracassos e ruínas. Se recorrer a ele, indica que passará por uma desagradável situação que haverá de causar-lhe vergonha.

• UTENSÍLIOS
Sonhar com utensílios em geral é indício seguro de promessa de um trabalho que melhorará em muito a situação atual.

• UVAS
É um bom presságio sonhar com uvas. Se estiverem em cachos renascerá a esperança de que cheguem a triunfar os planos e ilusões que há muito tempo vem acariciando. Comê-las é signo de bem-estar. Se quem sonha com elas for uma mulher casada e não tem filhos, se cumprirá seu ansiado desejo de ser mãe.

V

- **VACA**
Sonhar com vacas é símbolo de amparo constante, bem-estar e riqueza. Ordenhadas, indica que sua vida continuará aprazível e serena, rodeada de carinho e afeto. Se for agricultor ou pecuarista e sonha com suas vacas, tenha por seguro que suas colheitas serão esplêndidas e seu gado lhe proporcionará grandes riquezas.

- **VACINA**
Sonhar que lhe aplicam uma vacina é prognóstico de atenções por parte dos que o rodeiam, assim como favores e benefícios.

- **VAGABUNDO**
Se um vagabundo aparece em nosso sonho, é sinal de que temos de ser mais decididos e firmes em nossas iniciativas se quisermos melhorar nossa situação.

- **VALE**
Ver em sonhos um formoso vale, luzindo a cor esmeralda da sua erva, significa que é uma pessoa bondosa, de nobres sentimentos e que vive sua vida com muita paz e tranquilidade.

- **VALSA**
Ver várias pessoas dançando uma valsa indica breves alegrias que finalizarão em pequeno desgosto.

- **VAMPIRO**
Sonhar com vampiros que nos estão chupando o sangue avisa-nos de que tenhamos cuidado com algum animal de quatro patas que

pode causar-nos um dano imprevisto. Vê-lo voar anuncia penas dificuldades.

- **VAPOR**
Viajar num vapor com mar aprazível é um indício de que seu negócio irá prosperando, ainda que paulatinamente. Se o vapor chegar a fundir-se em meio a uma tormenta é sinal de dores e fracassos ou de uma perda familiar. Ver sair vapor-d'água de uma caldeira ou de uma panela significa que as ilusões que você forjou se verão truncadas.

- **VARRER**
Se for você quem varre a sua casa, receberá boas notícias. Se sonhar que está varrendo outro lugar terá contrariedades.

- **VASILHA**
Sonhar com vasilhas, de louça, de porcelana etc., é augúrio de uma existência aprazível, com saúde e suficiência de meios econômicos.

- **VASSOURA**
Sonhar com uma escova é um símbolo de falatórios e fofocas, das quais terá de afastar-se para evitar ver-se envolto em dissabores e prejuízos.

- **VAU**
Atravessar a vau em sonhos vaticina certos perigos que chegará a vencer com sua honradez e constância.

- **VEADO**
Acossar um veado nos sonhos augura sucessos gratos e inesperados. Ver-se montado nele anuncia que obterá fortuna rapidamente. Matá-lo e guardar sua cabeça e couro como troféu prognostica-lhe que alcançará uma velhice saudável e feliz.

230 | Os Sonhos de A a Z e suas Interpretações

- **VEIAS**
Sonhar com veias é um aviso de que sua situação atual mudará notavelmente com a chegada de nefastos acontecimentos que alterarão a paz do seu lar.

- **VELA**
Ver em sonhos uma vela acessa é sinal de que podem sobrevir-lhe algumas dificuldades e contrariedades. Se estiver apagada, logo receberá a notícia da morte de um amigo. Se for as velas de um barco, em breve terá uma grande alegria. Ver fabricá-las ou fazê-las você mesmo é indício de que logo terá ganhos. Sonhar que uma vela está acesa prognostica um nascimento, enquanto uma que se apaga, pressagia dor e morte.

- **VELADA**
Sonhar que está numa velada, tanto fúnebre de uma festa noturna, não tardará em receber gratas notícias e benefícios.

- **VELETA, CATA-VENTO**
Ver uma veleta em sonhos adverte-o de que deve velar por sua família, que pode estar exposta a graves contrariedades.

- **VELHO**
Se sonhar que é velho quando jovem significa respeito e consideração. Se vê um ancião, deve aceitar os conselhos que possam dar-nos.

- **VELUDO**
Sonhar com tecidos ou cintos de veludo indica que terá uma época feliz e tranquila.

- **VENDA**
Qualquer sonho em que veja vendas, tanto se as usa como com outras pessoas, significa que logo terminarão suas dificuldades e a paz e a prosperidade o acompanharão durante muito tempo.

V | 231

- **VENDER**
Sonhar que vende objetos inúteis e de pouco valor logrará uma ligeira melhora no seu trabalho e negócio. Se, pelo contrário, sonha que vende coisas de valor, móveis, quadros, jarras, joias etc., sua posição melhorará notavelmente.

- **VENENO**
Sonhar com qualquer produto venenoso vaticina fracassos e amarguras que podem levá-lo até ao desespero, o que deverá controlar para evitar consequências funestas. Não obstante, se é você mesmo quem o toma, logo chegarão a realizar-se suas aspirações e bons desejos.

- **VENTO**
Se o vento que sentimos em sonhos for suave, uma leve brisa, receberemos boas notícias que nos encherão de alegria. Entretanto, se o vento for forte, é presságio de inquietações e situações molestas.

- **VENTOSA**
Sonhar que lhe aplicam uma ventosa prediz que se encontrará com uma pessoa amiga que há muito tempo não vê, e esse encontro lhe proporcionará uma grande alegria.

- **VENTRE**
Ver o ventre de uma mulher prediz desavenças domésticas e dificuldades fora de casa.

- **VENTRÍLOQUO**
Um ventríloquo em sonhos indica que um sujeito indesejável tentará enganá-lo abusando da sua boa-fé; não confie nele nas suas falsas promessas.

- **VERDUGO**
É de muito mau augúrio sonhar como executor da justiça, já que sinaliza quebras nos negócios, intervenções judiciais ou perda vergonhosa do seu atual emprego.

232 | Os Sonhos de A a Z e suas Interpretações

- **VERDURA**
Ver as verduras no campo anuncia-lhe de que não deve desfalecer nem perder a esperança se continuar trabalhando com dedicação e fé. Se as vê cozinhar, indica amor e conciliação com a esposa ou prometida.

- **VEREDA**
Caminhar por uma vereda ou senda estreita significa que terá amores ilícitos com uma pessoa casada.

- **VERME**
Deve procurar separar-se de algum inimigo invejoso.

- **VERNIZ**
Não tardará em descobrir um engano ou traição.

- **VERRUGA**
Sonhar que tem verruga vaticina fracasso amoroso. Vê-las noutra pessoa, ingratidões e desprezo.

- **VERTIGEM**
Sentir vertigem no sonho revela que há uma pessoa do seu entorno que tentará armar uma trapaça para prejudicá-lo.

- **VESPA**
Sonhar com uma vespa significa penas e morte de um familiar ou amigo. Se o pica, sofrerá diversas contrariedades.

- **VESTIDO**
Um vestido sujo e maltratado em sonho é augúrio de que será objeto de algum imprevisto por parte de um familiar ou amigo. Se for elegante, limpo e novo, fará valiosas amizades. Se for de cores, evidencia contrariedades. Se for branco, é sinal de amor e doçura.

- **VETERINÁRIO**
Se sonhar com um veterinário, veja com cuidado uma pessoa que pensa em pedir-lhe dinheiro e que, por sua situação, não poderá devolvê-lo.

V | 233

- **VIAGEM**
Sonhar que se dispõe a empreender uma viagem a pé indica que terá obstáculos insuperáveis. Se viajar a cavalo, é augúrio de boa fortuna. Em qualquer veículo significa felicidade.

- **VÍBORA**
Sonhar com tão repulsivo réptil é sinal de perfídia e traições. Se a vê enroscada, é um aviso de contratempos e enfermidades. Só se matá-la poderá livrar-se de todos os perigos.

- **VIDRO**
Vidros quebrados sinalizam que receberemos notícias que nos encherão de aflição.

- **VIGA**
Se sonhar com vigas de um velho casarão, será objeto de francas demonstrações de agradecimento por parte de amigos a quem presta sua desinteressada ajuda em tempos de necessidade. Se as vigas com que sonha estão corroídas a ponto de caírem, indicam um grande sentimento pela perda de um ser querido. Se estiverem queimadas são sinais de graves desavenças conjugais.

- **VILA**
Sonhar com uma formosa vila é indício de uma próxima, agradável e talvez frutífera viagem; mas, se a atravessa, sofrerá algumas pequenas doenças na viagem.

- **VINAGRE**
Bebê-lo em sonhos é anúncio de dificuldades com alguns parentes ou amigos, provocadas por falatórios sem transcendência, o que devemos evitar.

- **VINDIMA**
Estar numa vindima em seus sonhos prediz saúde, bem-estar, paz e satisfações familiares.

234 | Os Sonhos de A a Z e suas Interpretações

- **VINGANÇA**
Se sonhar que acaba de vingar-se de uma pessoa a quem odiava, deve estar preparado porque pode ver-se imiscuído em pleitos e assuntos judiciais que o prejudicariam e alterariam seu modo de vida atual.

- **VINHEDO**
Ver um vinhedo em sonho é augúrio de satisfação e alegria. Se as vinhas estão cheias de ramos de uva, revela que todos os problemas que possa ter se solucionarão em breve e todos os seus desejos e esperanças se verão cumpridos.

- **VINHO**
Sonhar com vinho geralmente é augúrio de prosperidade e satisfações. Tomá-lo num copo significa saúde. Vê-lo engarrafado pressagia uma velhice aprazível. Se o vinho chegar a alegrar-nos, quer dizer que contamos com a proteção de uma pessoa que nos estima.

- **VIOLETA**
Sonhar com violetas significa que sua bondade lhe cria um firme afeto geral entre suas amizades. Se as colhe e as cheira, anuncia um próximo enlace.

- **VIOLINO**
Ver em sonhos um violino é augúrio de bem-estar e paz espiritual. No caso de ouvi-lo tocar, significa que logo receberá notícias de um amigo querido que não via há muitos anos.

- **VIRGEM**
Em qualquer forma ou lugar, uma virgem vaticina sorte e felicidade, sentimentos de bondade, amor de família e sincero afeto dos seus amigos.

V | 235

- **VISITA**
Sonhar que faz visita, cumprindo com seus deveres familiares e sociais, manterá o carinho e a consideração das pessoas as quais visita. Se alguma dessas pessoas é quem nos visita, significa que logo conhecerá um homem ou uma mulher que haverá de aceitar como uma grande amizade que pode ser imperecível.

- **VITELA**
Ver em sonhos uma ou mais vitelas prediz que receberá um cruel desengano de uma pessoa a quem muito estima.

- **VIUVEZ**
Desfrutará de uma longa e feliz vida matrimonial.

- **VIZINHO**
Sonhar com vizinhos é augúrio de dificuldades e enfermidade para quem sonha ou para alguma pessoa da sua família.

- **VOAR**
Sonhar que se desloca pelo ar revela que logo haverá uma mudança muito favorável em sua vida. Voar de avião também indica ascensão e bem-estar no seu trabalho ou negócio.

- **VOLANTE**
Sonhar que é você mesmo quem está ao volante de um automóvel indica que tanto no seu trabalho como no seu negócio chegará a triunfar se puser empenho no que faz.

- **VOLUNTÁRIO**
Se sonhar que se oferece como voluntário no exército ou para realizar alguma empresa difícil, receberá honras e satisfações.

- **VÔMITO**
Sonhar com ele é augúrio de grandes necessidades e apuros.

236 | Os Sonhos de A a Z e suas Interpretações

- **VOZ**
Ouvir uma voz grata que acaricia nosso ouvido é um sinal claro de que receberá uma visita que encherá seu coração de júbilo.

- **VULCÃO**
Ver em sonhos um vulcão em plena atividade augura que se suscitarão discussões no seio do lar. Se está apagado significa que alguma pessoa tratará de difamá-lo, ainda que suas acusações lhe resultarão falhas e sua honradez sairá triunfante.

X

- **XADREZ**
Jogar xadrez vaticina uma altercação com algum dos seus amigos.

- **XALE**
Usar um xale branco ou de cores vistosas indica desgostos passageiros; se, ao contrário, for negro ou de cores escuras, é augúrio de pesares e lágrimas. Sonhar que está comprando-o é sinal de um matrimônio inesperado. Se estiver vendendo-o, lhe trará doenças e contratempos.

- **XAROPE**
Tomar xarope é um mau presságio, pois indica que a pessoa que o toma se sentirá mal.

- **XÍCARA**
Sonhar com uma xícara de porcelana fina é augúrio de paz e tranquilidade. Se estiver vazia, indica uma situação precária. Estar entre amigos que tomam café em xícara significa que não tardarão em sobrevir-lhe inesperadas preocupações.

Y

- **YAGATAN**
  Sonhar com esta arma turca ou árabe indica violências e desejos de vingança. Procure reprimir seus impulsos vingativos ou se verá envolvido em brigas.

Z

- **ZARPAR**
  Revela que logo realizará uma viagem prazerosa.

- **ZIGUE-ZAGUE**
  Caminhar em zigue-zague é augúrio de que devemos desconfiar dos conselhos de pessoas que tratam de imiscuir-nos em projetos vãos ou negócios que poderiam levar-nos à ruína. Se virmos alguém que anda pela rua fazendo zigue-zague, significa que sofreremos contrariedades, das que você mesmo terá a culpa pelo seu mau comportamento.

- **ZODÍACO**
  Sonhar com qualquer dos signos pressagia bem-estar, felicidade e êxito nos estudos, trabalho ou negócios.

- **ZUAVO**
  Se o vemos em sonhos, receberemos notícias de um parente ou amigo distante que nos encherão de alegria. Se se vê vestido com ele, significa que logo fará uma viagem.

- **ZUMBIDO**
  Ouvir em sonhos zumbidos molestos avisa-o de que deve desconfiar de uma pessoa que quer surpreender sua boa-fé e contra quem deve proteger-se, tomando as precauções necessárias.